HISTORIETTES

ET

SOUVENIRS

D'UN HOMME DE THÉATRE

IMPRIMERIE D. BARDIN, A SAINT-GERMAIN.

HISTORIETTES
ET
SOUVENIRS

D'UN HOMME DE THÉATRE

PAR

HIPPOLYTE HOSTEIN

PARIS

E. DENTU, ÉDITEUR

LIBRAIRE DE LA SOCIÉTÉ DES GENS DE LETTRES

PALAIS-ROYAL, 15-17-19, GALERIE D'ORLÉANS

—

1878

Tous droits réservés.

AU

DOCTEUR A. COQUERET

'est à ta chère fille Élise que j'ai fait hommage de mon premier petit livre. Il ne s'agissait point de théâtre, bien entendu.

Laisse-moi te dédier les présentes historiettes théâtrales, à toi, médecin depuis plus de trente ans de la Comédie-Française; à toi, — depuis plus longtemps encore, — mon médecin et mon ami, si bon, si indulgent, si dévoué!

Dans l'intervalle de ces deux volumes, que d'événements! Que de changements parmi les hommes et les choses! Que de vicissitudes générales ou privées!...

Tu as assisté à tout cela, comme le juste, sans trouble ni passion, plaignant, encourageant, secourant.

Ta main gauche n'a jamais rien su de ce que donnait ta main droite, car tu es vraiment chrétien, c'est-à-dire sincère et charitable.

Ta modestie souffrira de ces éloges. Pourquoi ne dirai-je point une vérité, dont mon cœur est plein, sous prétexte que cette vérité te concerne?.

Les livres, même les plus frivoles, passent moins vite encore que les hommes : je me réjouis donc de penser que lorsque je ne serai plus, il restera, plus ou moins longtemps après moi, une page d'où s'exhalera le sentiment de l'amitié et de la reconnaissance que je t'ai vouées depuis ma jeunesse.

Ton affectionné,

Hippolyte HOSTEIN.

Janvier 1878.

I

AUTEURS ET COMPOSITEURS

L'ART D'ÊTRE GRAND-PÈRE

n confrère avec qui je reste intimement lié, en dépit du mal involontaire qu'il me fait journellement, me rappelle qu'en décembre 1870 il a publié la note suivante en réponse à des attaques de *journalistes de robe courte* dirigées contre le grand poëte :

« On se rappelle le retour en France de Victor Hugo.

« Ni bruit, ni ostentation, ni recherche de popularité !

« Il a repoussé les fonctions publiques. Lui, que

tout désignait pour les premiers rangs, il a voulu rester confondu dans la foule.

« Lorsqu'il a pris la parole, il l'a fait en s'élevant au-dessus des guerres des nations et des intérêts des rois. Le poëte s'est fait apôtre de l'humanité.

« Sa conduite a été d'accord avec ses enseignements. Sans renier ni ses principes, ni ses amitiés, il ne s'est fait le complice d'aucune ambition privée. Pour tout dire en un mot — sans flatterie, sans fétichisme, — Victor Hugo, depuis son retour, agit simplement et modestement, en grand citoyen.

« Et voilà le moment que l'on choisit pour faire contre lui une polémique injurieuse et parfois triviale !

« Avons-nous donc trop d'écrivains illustres, trop de penseurs profonds, trop de poëtes de génie, pour chercher à amoindrir l'un des plus grands d'entre eux, et cela devant l'ennemi ?

« O charité chrétienne ! toi aussi n'es-tu donc qu'un nom, comme la liberté que saluait si tristement M*me* Roland en montant à l'échafaud ?... »

Le lendemain, l'auteur de cette note chaleureuse recevait la lettre suivante :

« 22 décembre 1870.

« Monsieur,

« Vous parlez de moi en termes qui me touchent profondément. Je voudrais vous le dire à vous-même. Voulez-vous me faire l'honneur d'accepter dimanche 25, mon dîner de famille (pavillon de Rohan, 172, rue de Rivoli, six heures et demie). Mes fils et moi, nous serions charmés de serrer la main qui écrit de si nobles paroles.

« Victor Hugo. »

On peut croire que mon ami accepta avec empressement l'honneur qui lui était fait !... Il vint à l'heure indiquée ; il fut cordialement reçu. Après la présentation, lorsque les incidents de famille eurent repris leur cours un instant interrompu, voici le tableau que l'invité eut sous les yeux, et dont il garde précieusement le souvenir.

Un ravissant petit garçon concentrait toute l'attention.

Sur la table du salon on avait placé une boîte. Dans cette boîte se trouvait un lézard vert en caoutchouc.

On avait persuadé à l'enfant que le lézard était vivant. Le petit avait un gâteau. Naturellement il voulait en donner à l'hôte de la boîte. Mais comme c'était quelque chose de remuant, et que cela pouvait mordre, l'enfant avait à la fois une grande frayeur d'être mordu, et un vif désir de donner à manger au lézard vert.

D'une main craintive, il avançait et retirait le gâteau ; à la fin, il en laissait tomber un morceau.

Cet acte héroïque accompli, il se rejetait brusquement en arrière, et se cachait dans les bras de sa maman. Vite, on ôtait le gâteau de la boîte. Puis le petit avançait curieusement la tête, ses grands yeux tout brillants, fixés sur le monstre. Le gâteau avait disparu. Comment cela avait-il pu se faire ? C'est que le lézard avait mangé. Il avait donc faim ! Et le manége de la nourriture de recommencer.

Tout à coup l'enfant aperçoit une main plongeant tardivement dans la boîte pour en extraire le gâteau. Il comprend qu'il a été dupe. Il s'indigne contre le faux monstre qui s'était permis de l'effrayer. Il le saisit, le tire, le distend jusqu'à déchirement complet. Il le balance avec mépris au bout de son doigt et finalement il le jette dans le feu.

On voit la scène !... Tous les visages épanouis, le père, — Charles Hugo, — éclatant de rire, et étreignant l'enfant contre son cœur !

Et le grand-père ?... Debout, attendri, il contemplait ce tableau simple et charmant...

Un peu plus tard, Charles Hugo et son frère mouraient pour ainsi dire subitement ! Quels deuils !

Pour essayer de se consoler, pour honorer ses enfants à jamais disparus et toujours vivants dans son cœur, le « grand-père » composait des chefs-d'œuvre !

Saluant l'aurore d'un de ses poëmes nouveaux, Vacquerie disait :

> ... Devant la fierté des chênes que la séve
> Vient de ressusciter,
> Dans cette éclosion des feuilles et des ailes,
> Sous le ciel rayonnant, — des strophes éternelles
> Vont se mettre à chanter !...

Elles chantent en effet sans trêve, avec des harmonies toujours merveilleuses ! Dans ces derniers temps, elles ont été inspirées par *Georges* et par *Jeanne*, les deux petits-enfants de « ce grand attendri, » de ce colosse qui se penche et se fait petit pour être plus près des berceaux.

COMMENT ALEXANDRE DUMAS
ET FRÉDÉRIC SOULIÉ
FURENT AMENÉS A COMPOSER DES PIÈCES
POUR L'AMBIGU

Vers 1841, Antony Béraud (depuis peu directeur de l'Ambigu-Comique) désespérait de son entreprise, dont les premiers essais n'avaient pas été fructueux. Le journal *le Siècle* publiait alors avec un succès immense *les Trois Mousquetaires*. On conseilla à Béraud de demander à Alexandre Dumas d'adapter au théâtre la partie du roman qui traite de la mort de Charles Ier. Avoir cette idée en 1842, c'était se montrer très-novateur. Béraud craignait d'échouer auprès d'Alexandre Dumas, pour qui une union avec le théâtre de l'Ambigu serait, pensait-il, une mésalliance. Il ne crut même pas devoir autoriser une demande directe ; il préféra s'en remettre au hasard du soin de préparer et d'arranger l'affaire. Il entrait dans les habitudes du bon Antony Béraud de procéder ainsi ; c'était, en son genre, un fataliste.

Le hasard le servit à souhait.

Une après-midi que Dumas passait sur le boulevard Saint-Martin, Béraud l'aperçut et vint à lui. Après quelques menus propos, il aborde le chapitre des *Mousquetaires*. Dumas fronce le sourcil : « Mon cher Béraud, ne me parlez pas de théâtre, je ne veux plus y songer. J'y renonce. Je viens d'avoir trois pièces jouées à la fois : *Louise Lambert* à la Porte-Saint-Martin, *Lorenzino* au Théâtre-Français, *le Laird de Dumbicky*, à l'Odéon, trois pièces dont les titres commençaient par un *L*. Cela m'a porté malheur, et vous me proposez *les Mousquetaires !* encore un *L*. Jamais ! »

Béraud entreprit de démontrer que *les Mousquetaires* commençaient par un *M*, attendu qu'un article n'est pas un substantif, lequel seul peut servir à dénommer une personne ou une chose, etc.

Ce fut un long débat, auquel la verve d'Alexandre

Dumas donna un tour très-piquant. Dumas avait ri ; donc il était désarmé. Il s'engagea à faire *les Mousquetaires* pour l'Ambigu ; il les fit... on sait le reste.

Alexandre Dumas régnant à l'Ambigu, comme les rois de France régnaient en Navarre, c'est-à-dire tout en administrant ses autres États de plus haute importance, ouvrait la voie à des talents de l'ordre du sien. Frédéric Soulié laissa entendre qu'il ne refuserait pas à l'occasion de s'engager dans la voie frayée par son illustre confrère.

Béraud eut vent de cette bonne disposition de Frédéric Soulié. Il résolut d'envoyer chez l'auteur des *Mémoires du Diable*. Grâce aux *Mousquetaires*, on avait désormais du cœur au ventre dans l'administration de l'Ambigu.

Béraud ne connaissait pas encore Frédéric Soulié, qui habitait la campagne. Quelle campagne ? Informations prises, on sut que c'était dans la vallée de la Bièvre. Mais à quel endroit précis de cette vallée ? Impossible d'être nettement renseigné, grâce à certains mystères combinés par Frédéric Soulié dans l'intérêt de sa tranquillité.

Alphonse Brot, alors secrétaire de l'Ambigu, fut chargé, avec un autre employé supérieur de l'administration, d'aller à la recherche de la vallée de la Bièvre et à la découverte de Frédéric Soulié.

Il était enjoint à ces missionnaires du drame de

partir dès l'aube, et de ne pas rentrer à Paris avant d'avoir réussi dans leur mission.

Un matin, les explorateurs firent la dépense d'une carte de Paris et de ses environs, puis ils commencèrent à s'orienter. « Où prenons-nous la vallée de la Bièvre ? dit l'un. — Là, du côté de Versailles, dit l'autre, voyez. — Oui, ma foi. Eh bien à Versailles, c'est le chemin. » Le chemin, c'eût été la barrière d'Enfer, puis la route de Châtillon. On leur tournait le dos dès le début !

A Versailles, on s'enquit de la vallée de la Bièvre. Une personne qui débouchait de la rue qu'on prend pour aller aux arcades de Buch, suggéra l'idée de se rendre auxdites arcades, d'où l'on découvrait une vallée immense dans laquelle il ne serait pas absolument impossible que la Bièvre comptât pour quelque chose.

Partis de Paris aux premières lueurs matinales, Alphonse Brot et son compagnon n'arrivèrent qu'à la nuit close au village de Bièvre où F. Soulié résidait. Un paysan, attardé et causeur, les conduisit devant une grande porte cochère, à cent mètres de la propriété de M. Bertin, des *Débats*. C'est là que demeurait F. Soulié. « Quelle chance d'avoir trouvé ce paysan ! disait Brot en s'essuyant le front et en se laissant tomber sur une borne. Quelle chance non moins propice que ce même paysan soit un électeur et que, précisément hier, Frédéric Soulié lui ait demandé sa voix pour les élections du conseil municipal ! Admettez que F. Soulié n'ait pas eu l'ambition de devenir conseiller municipal de Bièvre, ce paysan ne l'aurait probablement pas connu, et nous serions encore à errer dans la campagne ! »

C'était quelque chose de se trouver enfin devant la maison désirée ; mais s'y trouver à neuf heures du soir, dans une complète obscurité, au milieu du plein silence des champs !...

Il fallait prendre un parti.

Alphonse Brot saisit le marteau de la porte, le lève et le laisse discrètement retomber. Personne ! — Il frappe plus fort... même silence ; ah ! ma foi, il heurte à coups redoublés. Au bout de dix minutes, on entend le bruit d'une porte intérieure qui s'ouvre ; un homme marche dans la cour, une lumière promène ses vacillations par-dessus le mur. Enfin une grosse voix crie : « Qui est là ? »

Alphonse Brot, saisi du remords d'avoir frappé trop violemment, se tient coi. Son compagnon l'imite. « Voyons ! répondrez-vous ? » — Aucune réponse. — « Ah ! c'est comme cela ! reprend la voix avec colère. Eh bien, attendez ! »

Aussitôt une clef grince dans la serrure : deux gros verrous sont tirés ; la porte s'ouvre, et l'on voit... le maître de la maison, Frédéric Soulié lui-même !

Il aperçoit les deux visiteurs, leur porte la lumière au visage, et ne leur trouvant sans doute point trop mauvaise mine, il leur demande d'un ton radouci ce qu'ils veulent. Alphonse Brot, intimidé, dit en balbutiant : « Nous venions... vous demander... — Quoi ? — Une pièce ! — Une pièce ? la pièce, vous voulez dire ? — Non un drame... pour l'Ambigu ! — Ah ! vous venez pour... » Frédéric Soulié ne put achever. La situation offrait quelque chose de si imprévu : ces deux messagers de théâtre se présentant à une heure indue, dans un village, sous une porte cochère pour solliciter un drame, Frédéric Soulié, en caleçon et son bougeoir à la main, tout cela était si comique, que ma foi, l'illustre écrivain n'y put plus tenir... En le voyant éclater de rire, A. Brot et son compagnon se mirent à rire aussi ; et comme en pareil cas plus on rit, plus on est entraîné à rire, ce fut pendant quelques minutes un trio de gaieté à réveiller tout le village. Les interlocuteurs avaient fini par s'asseoir, les uns sur les bornes de l'entrée, et Frédéric Soulié sur le pavé pour être plus à l'aise.

Enfin, on se calme, on s'explique; puis on soupe. Quinze jours après, l'Ambigu recevait le manuscrit des *Amants de Murcie*. C'était une entrée de jeu qui permit d'attendre *la Closerie des Genêts*.

ALEXANDRE DUMAS ET LE THÉÂTRE-HISTORIQUE DE L'ANCIEN BOULEVARD DU TEMPLE

Les *Mousquetaires*, ces admirables gentilshommes au cœur d'or, au bras d'acier, au jarret d'airain, furent la cause du Théâtre-Historique. Voici comment :

Alexandre Dumas, assistant aux répétitions des *Mousquetaires*, à l'Ambigu, fit à celui qui dirigeait alors la scène de ce théâtre et qui n'est autre que l'auteur du présent livre, l'honneur de le distinguer, et, par suite, de lui confier ses idées relativement à l'organisation d'une scène nouvelle dont Alexandre Dumas avait depuis longtemps le projet.

Il voulait un théâtre qui popularisât les œuvres des maîtres, et fût pour lui-même un moyen d'exploiter ses nombreux romans.

L'interlocuteur de Dumas comprit cette pensée ; il se mit en quête d'une combinaison financière, d'un architecte en mesure d'agir sur-le-champ et avec rapidité, enfin d'un terrain propice. Tout réussit à souhait.

Il n'y avait qu'un seul obstacle à la réalisation du projet, c'était l'obtention d'un privilége afin d'exploiter le nouveau théâtre.

Pour tout autre qu'Alexandre Dumas, l'obstacle eût été difficile, impossible peut-être à vaincre.

Pour lui, grâce à la protection de M. le duc de Montpensier, les impossibilités disparurent.

Le privilége fut obtenu, et la foule, avec cette intelligence qui ne l'abandonne que quand ses passions excitées la jettent hors de sa voie ordinaire, la foule salua du nom de Théâtre-Montpensier la nouvelle salle destinée à ses plaisirs.

On me délivra le privilége et l'on me nomma directeur.

La volonté du roi nous fit retirer le titre de « Théâtre-Montpensier. » On m'invita à présenter une autre appellation. Alexandre Dumas parcourait, sur le fameux *Véloce*, les côtes d'Afrique. Je proposai le titre de : *Théâtre-Historique* : il fut agréé par l'autorité et ratifié par Dumas. Au moment de son retour, à la date du 28 décembre 1846, il m'écrivait :

« Mon cher ami,

« J'arrive.

« Vous avez admirablement fait d'adopter le titre de *Théâtre-Historique*. C'est excellent.

« A vous,

« ALEXANDRE DUMAS. »

La vérité est que le titre m'avait été suggéré par M. Vedel, dont il va être question à l'instant.

C'est donc à lui que revient l'honneur de l'avoir trouvé.

Dans nos combinaisons d'organisation, Alexandre Dumas se réserva la direction littéraire et artistique du théâtre.

Son traité nous assurait le concours exclusif de son talent et établissait ses droits au privilége, qui, pour n'être pas mis en son nom, n'en restait pas moins sa copropriété, à de certaines conditions. — L'année d'après, il me vendait ses droits.

Une société s'était formée, sous la gérance de M. Vedel, ancien directeur de la Comédie-Française et avec l'aide de MM. Ardouin et Bourgoin, pour acheter le terrain et faire construire la salle. Le terrain et une partie de l'ancien hôtel Foullon coûtèrent six cent mille francs ; les constructions et ouvrages d'art, huit cent mille.

La première question était le choix de l'architecte auquel serait confié le soin de dessiner les plans, d'élever et de construire la salle. — Plusieurs sollicitèrent cet important travail. M. Dedreux fut préféré à tous. Il méritait cette distinction par son talent et son caractère.

Séchan, le peintre décorateur, eut l'art de se faire adjoindre, par Alexandre Dumas, au bon et inoffensif Dedreux. C'était une véritable usurpation, car Séchan n'était pas architecte. Je n'entends rien retirer au mérite spécial de cet artiste qui comprenaît la machinerie théâtrale mieux encore peut-être que la peinture.

Ce furent donc ces hommes éminents, chacun dans leur genre, que la direction chargea de la réalisation de l'œuvre nouvelle.

Deux grandes difficultés se présentaient dès l'abord. Le chiffre restreint des fonds mis à leur disposition, — huit cent mille francs, — pour élever un grand théâtre qui contînt deux mille spectateurs ; puis une disposition de terrain tellement détestable que, fatalement, il y avait obligation de faire l'entrée sur l'axe transversal de la salle.

Enfin, la difficulté est vaincue, les plans et devis sont faits et arrêtés en vue du budget accordé. Il ne reste plus qu'à exécuter.

Bientôt des myriades d'ouvriers s'emparent de l'ancien hôtel Foullon. On hésite un instant pour savoir si l'on pourra conserver un admirable salon, merveilleusement décoré de lambris sculptés avec une perfection incroyable et d'une ornementation pleine de bon goût et de coquetterie. Mais la loi du plan est inflexible, et le grand salon de l'hôtel est démoli.

Au-dessous de l'hôtel, il y avait alors un endroit bien plus fameux, bien plus renommé que l'hôtel Foullon lui-même : c'était l'estaminet appelé : l'*Épi-scié*.

Ce cabaret de sombre apparence, dans lequel on

ne pénétrait qu'en descendant deux marches sales et glissantes, paraissait, pour le public, être le rendez-vous des marchands de contre-marques.

C'était là, en effet, qu'ils se réunissaient. Les marchands occupaient la partie de l'établissement qui se trouvait en façade sur le boulevard.

Une entrée particulière, une porte basse, placée à l'extrémité, et qui ne s'ouvrait qu'au moyen d'une formule, dans le genre : « *Sésame, ouvre-toi,* » conduisait à une grande salle basse, enfumée, empestée, sans jour, presque sans air, si peu éclairée le soir par quelques quinquets, que les deux tiers de la salle restaient dans une obscurité complète.

Cette localité, où la police fit plus d'une descente et plus d'une importante capture, disparut sous le marteau des démolisseurs.

La partie qui resta le plus longtemps respectée fut celle où se trouvait le jardin de l'hôtel, au droit de la rue Basse. Ayant naturellement connaissance des plans du futur théâtre, je savais à quel endroit précis existerait la scène, et où serait le trou du souffleur.

Un jour que Lacressonnière et Paulin-Menier m'avaient demandé la permission de visiter les démolitions, ils se dirigèrent du côté du jardin qui était surélevé, et où l'on accédait par quelques marches. Lorsqu'ils arrivèrent au haut de ces marches, je les arrêtai et je leur dis : « Retournez-vous. » Ils se retournèrent. « Représentez-vous que vous êtes devant le trou du souffleur; qu'à la place de cette cour obstruée de moellons vous voyez devant vous deux mille spectateurs, et que vous lancez à leur enthousiasme le nom de notre fondateur! voyez-vous cela d'ici. — Je le vois, dit Menier. » Lacressonnière gardait le silence, il était fortement impressionné.

En cinq mois, sous l'active impulsion de M. Bellu, entrepreneur en chef, l'édifice est complétement achevé.

Malgré son peu d'étendue, la façade du théâtre offrait des morceaux remarquables. Quatre colonnes d'ordre ionique, engagées et accouplées, placées de chaque côté du péristyle, laissaient une entrée assez vaste pour la foule. Sur le retour de ces colonnes, deux cariatides portant chapiteau, et reposant sur bases et fûts de pilastres, indiquaient la destination du monument : l'une représentait la Comédie, au sourire moqueur, coiffée de feuilles de pampre, tenant le masque comique et le bâton recourbé. L'autre cariatide représentait le Drame, à l'œil égaré, au front soucieux, avec un poignard à la main, ce qui d'ailleurs aurait pu s'appliquer également à la tragédie. Les deux statues étaient de Klagmann.

A l'aplomb du rez-de-chaussée, se trouvait une grande ouverture cintrée dont les côtés étaient formés par deux pieds droits sur lesquels on avait gravé les noms des grands génies de la scène. Au-dessus de ces pieds droits, deux groupes : le Cid et Chimène, Hamlet et Ophélie.

A la terrasse du foyer, une grande archivolte, avec un hémicycle orné de peintures à la cire, par Guichard, reproduisait vingt-six personnages choisis parmi ceux qui, — auteurs ou artistes, — ont le plus illustré l'art théâtral. L'édifice était couronné par un fronton circulaire au milieu duquel s'élevait le Génie de l'art moderne. Deux trépieds de forme antique, placés de chaque côté, complétaient ce noble ensemble.

Enfin, vint le moment solennel de l'ouverture... Depuis longtemps déjà, le Théâtre-Historique défrayait les conversations ; à la dernière heure il donna, on peut le dire, la fièvre à tout Paris. On vit des amateurs forcenés faire la queue, aux portes du théâtre, depuis la veille au soir du jour fixé pour l'ouverture. Ce fut une station de vingt-quatre heures ! Et on était en février ! Il est vrai que l'hiver se montrait clément.

Vers dix heures du soir, les porteuses de bouillon commencèrent de circuler parmi les files en permanence. A minuit, arriva le tour des pains sortant de la fournée. Des marchands du voisinage eurent l'idée de vendre des bottes de paille fraîche sur laquelle on s'étendit voluptueusement. La nuit se passa en fête, en conversations joyeuses; le bon ordre ne fut pas un instant troublé. Par intervalles, des chœurs, — très-harmonieux, — se faisaient entendre. L'endroit était éclairé par des centaines de lanternes et de lampions. C'était un spectacle animé et des plus curieux.

Au petit jour, eut lieu l'intermède du café au lait accompagné de petits gâteaux tout chauds. Quelques personnes de l'assistance arrêtèrent des porteurs d'eau qui passaient, et firent en public des ablutions permises.

La nuit et la journée furent le triomphe des charcuteries à l'ail. L'air était saturé de cet arome culinaire.

Un vendeur de chansons qui, accouru des premiers, se trouvait près des portes d'entrée, non pour faire du commerce, mais pour son plaisir, eut tout à coup une inspiration. Il réserva sa place, et il courut à son imprimerie, rue de la Harpe. Là, en un tour de main, il écrivit une chanson, et la fit imprimer aussitôt. Il revint, en toute hâte, la crier et la chanter parmi les groupes de faction; j'eus l'occasion d'en recueillir un exemplaire tout humide. Voici la chanson : elle ne vaut, bien entendu, que par la circonstance :

LE THÉATRE DUMAS

Sur l'air : *Veux-tu t'taire.*

On dit qu'au théâtre Dumas
On pourra prendre ses ébats;
Vive l'auteur des *Mousquetaires.*
Veux-tu t' taire, veux-tu t' taire,
Bavard, veux-tu t' taire.

L' théâtre ouvert, aussitôt
On y jouera *la Rein' Margot,*
Fureur bien sûr elle va faire.
Veux-tu, etc.

Dans les pièces de poison
On y mourr'ra pour de bon,
Au public ça pourra plaire.
Veux-tu, etc.

De son bonnet d' coton,
Faudra s' munir, dit-on,
Car séjour il faudra faire.
Veux-tu, etc.

Celui que l'appétit prendra,
Table d'hôte trouvera;
On mangera bon et pas cher.
Veux-tu, etc.

Les Funambules, les Français,
Ne feront plus pour leurs frais.
Debureau se désespère.
Veux-tu, etc.

Les directeurs de Paris
De c'la ne sont pas ravis.
Ils seront forcés d' mieux faire!
Veux-tu, etc.

Dans ce qui précède, il semble que « le poëte » eût déjà pressenti les deux soirées de *Monte-Christo*.

Enfin, les portes du théâtre s'ouvrirent et la *Reine Margot* commença...

Voici le tableau de la troupe telle qu'elle existait à l'ouverture du Théâtre-Historique :

MM. Mélingue.	Mmes Perrier.
Hiellard.	Rey.
Bignon.	Atala Beauchène.
Lacressonnière.	Maillet.
Boutin.	Mathilde Payre.
Rouvière.	Person.
Saint-Léon.	Laignelet.
Derosselle.	Bardet.
Boileau.	Fontenay.
Barré.	Launay.
Crette.	Georges, cadette.
Fillion.	
Georges.	—
Lingé.	
Peupin.	Pour faire partie de la troupe, à l'expiration de leurs engagements dans d'autres théâtres :
Henry Armand.	
Bar.	
Castel.	
Cabot.	
Alexandre.	MM. Matis.
Lefebvre.	Chilly.
Colbrun.	Mlle Hortense Jouve.

Orchestre : MM. Varney, chef.
Mangeant, sous-chef.

MM. Caron, régisseur général.
Achille, régisseur.
Merle, contrôleur.

Ainsi, sur les affiches, et suivant l'ordre officiel d'alors, Colbrun venait tout à fait le dernier! Il sut, depuis, monter aux premiers rangs.

Laferrière fut engagé un peu plus tard à l'occasion des *Girondins* où il obtint un grand succès.

Le Théâtre-Historique, durant la période brillante de son existence, c'est-à-dire pendant un espace de deux années (1847-1849), donna successivement les grands drames dont les noms rayonnent encore comme des étoiles au firmament théâtral : *la Reine Margot, les Girondins, Catilina, le Comte Hermann, Monte-Christo* en deux journées, *la Marâtre.*

Mais ce n'est point seulement cette accumulation de grands succès qui doit graver dans la mémoire des nouvelles générations le souvenir du Théâtre-Historique d'Alexandre Dumas. C'est aussi le fait d'avoir ouvert à la mise en scène des voies inconnues ou, jusque-là, peu et mal pratiquées.

Harmonie et exactitude des décors, des costumes, des accessoires, des armures, des meubles, etc., etc., conformément à l'histoire ou suivant les besoins particuliers d'une pièce; réalisme de la mise en scène; emploi animé et pittoresque des masses... toutes ces parties de l'art, presque toujours négligées et incomplètes sur les scènes du boulevard, même ailleurs, réalisèrent tout à coup un progrès inouï, grâce au Théâtre-Historique de Dumas.

La meilleure partie de la mise en scène actuelle date de là. Je n'excepte de cette influence subie, ni la Comédie-Française, ni l'Opéra.

Tels sont les états de service *réels* du Théâtre-Historique, premier du nom.

LE MIRACLE DES ROSES

Peu de temps avant la création du Théâtre-Historique, l'Ambigu donnait un drame à grand spectacle, intitulé : *le Miracle des Roses*. Les rôles principaux étaient joués par Mélingue et Mme Guyon. La pièce fut composée en 1844, voici dans quelles circonstances.

L'un des auteurs était honoré de l'amitié de M. l'abbé Pelier de la Croix qui, du vivant du prince de Condé, duc de Bourbon, exerçait auprès du prince les fonctions d'aumônier. L'abbé Pelier de la Croix possédait des renseignements tellement précis sur la mort tragique du duc de Bourbon, — survenue, on le sait, à Saint-Leu-Taverny — que, dans un procès resté célèbre, il ne craignit point de qualifier cette mort *d'assassinat*... à la suite de quoi il lui fut interdit d'exercer son ministère dans une cure du diocèse, ce qui le réduisit littéralement à la misère.

Les braves sœurs de charité de l'Hôtel-Dieu eurent connaissance du fait. A cette époque, elles avaient le droit — j'ignore si elles l'ont gardé — de se choisir leur aumônier, et cela sans redouter de *veto* d'aucune sorte. Elles firent donc venir l'abbé Pelier de la Croix, et lui proposèrent de leur dire la messe, soin pieux et sacré auquel était attachée une rémunération pécunière que le bon abbé dut accepter, tant sa détresse était grande.

C'est alors que l'auteur dramatique en question eut l'occasion de visiter chez lui M. l'abbé Pelier de la Croix, de qui, d'ailleurs, il tient ces détails. On s'était perdu de vue depuis quelques années. Il fallut apprendre à l'abbé que le jeune homme qu'il avait laissé, au sortir du collége, occupé à prendre ses inscriptions de médecine, avait déserté les cours pour se lancer tant bien que mal, — plus mal que bien, — dans la littérature dramatique. Là-dessus, la conversation s'engagea sur les théâtres de Paris que l'abbé ne connaissait que pour s'arrêter de temps à autre devant leurs affiches. Selon lui, à en juger par les titres, toutes les pièces devaient être mauvaises. Étonnement de son interlocuteur :

— Eh ! sans doute, dit l'abbé avec vivacité, dans tout cela rien ne parle à l'esprit, au cœur, à la foi !

— Ah ! la foi, cher monsieur l'abbé, nous y voilà. Vous voudriez sans doute nous voir retourner au moyen âge, mettre en scène la vie de Jésus, la Passion et les saints?

— Oh! pour ce qui regarde Notre-Seigneur, non, non, reprit M. Pelier de la Croix, je ne demande pas qu'il paraisse sur vos planches, fût-ce dans la meilleure intention du monde; mais quant aux saints, ce serait peut-être possible.

— Comment cela?

— Les belles sources historiques que la plupart de ces existences béatifiées par l'Église! que de drames palpitants d'intérêt! Et, par exemple, vous rappelez-vous la légende de sainte Élisabeth de Hongrie, duchesse de Thuringe?

— Oui... je crois : j'ai vu chez les marchands d'estampes de grands dessins représentant une belle jeune femme en costume du moyen âge; elle paraît effrayée; elle fait voir à un guerrier couronné son manteau rempli de roses. Il s'agit, n'est-ce pas, de sainte Élisabeth?...

— Et du miracle des roses; oui. Voilà tout ce que vous en savez?

— Mais...

— Allons, mon cher ignorant, me dit l'abbé, qui était allé prendre dans sa bibliothèque deux petits volumes; tenez, instruisez-vous. Lisez cet admirable récit de M. de Montalembert; étudiez avec soin la magnifique introduction qui précède la biographie de notre sainte, et si ensuite, ajouta-t-il en souriant, vous ne vous sentez pas assez inspiré par le sujet pour composer un drame émouvant, c'est que vous êtes le plus pitoyable des auteurs dramatiques.

Je remerciai l'abbé Pelier de la Croix... Je lus et je relus le prologue de M. de Montalembert; quel chef-d'œuvre! Et d'abord, avec un tel historien, il est impossible de ne point se sentir pris d'une ardeur aussi tendre que pieuse pour la douce et angélique figure de sainte Élisabeth. Née en 1207, morte en 1231, sa carrière se place au milieu de cette première moitié du XIIIe siècle qui est la période la plus importante, la plus complète, la plus resplendissante de l'histoire de la société catholique.

La vie d'Élisabeth, dit notre auteur, offre une réunion peut-être unique des phases les plus diverses, des traits les plus charmants et les plus graves à la fois, que peut renfermer la vie d'une chrétienne, d'une princesse et d'une sainte. Mais dans les vingt années qui s'écoulent depuis le jour où on l'apporte dans un berceau d'argent à son fiancé, jusqu'à celui où elle expire sur le grabat d'hôpital qu'elle a choisi pour lit de mort, il y a deux parties bien distinctes, sinon dans son caractère, du moins dans sa vie extérieure. La première est toute chevaleresque, faite pour enchanter l'imagination autant que pour inspirer la piété. Du fond de la Hongrie, de cette terre à moitié inconnue, à moitié orientale, frontière de la chrétienté, elle arrive au sein de la cour de Thuringe, la plus poétique et la plus brillante de toute l'Allemagne.

Pendant son enfance, sa vertu précoce est méconnue, sa piété méprisée ; on veut la renvoyer ignominieusement à son père ; mais son fiancé lui garde une inébranlable fidélité, et dès qu'il est maître de ses États, il se hâte de l'épouser. Il rivalise de ferveur avec elle ; un abandon plein de charme, une naïve et délicieuse confiance président à leur union. Pendant tout le temps de leur vie conjugale, ils offrent certainement l'exemple le plus touchant et le plus édifiant d'un mariage chrétien ; et l'on peut affirmer que dans les annales des saintes, aucune n'a offert au même degré qu'Élisabeth le type de l'épouse chrétienne.

Cependant l'irrésistible appel de la croisade entraîne son jeune époux, après sept ans de mariage. Elle ne sait comment se résigner à ce dur destin. Cette séparation une fois consommée, le malheur vient et l'accable. Elle est brutalement chassée de sa résidence souveraine ; elle erre dans les rues avec ses petits enfants, en proie à la faim et au froid, elle qui avait nourri et soulagé tant de pauvres ; nulle part elle ne trouve un asile, elle qui en avait tant donné !... Quand ses injures sont réparées, elle n'en est pas plus réconciliée avec la vie. Restée veuve à vingt ans, elle dédaigne la main des plus puissants princes.; le monde lui fait mal, et, — dit M. de Montalembert avec le bonheur d'expression que donne la foi, — les liens de l'amour mortel une fois brisés, elle se sent blessée d'un amour divin !

C'est en vain que son père, le roi de Hongrie, envoie un ambassadeur pour la ramener auprès de lui. Ce seigneur la trouve à son rouet... Au milieu de ses austérités, de sa pauvreté volontaire, du joug de l'obéissance sous lequel elle brise chaque jour tout son être, elle ne connaît pas une ombre de tristesse. Enfin, à la fleur de son âge, elle est mûre pour l'éternité, et elle meurt en chantant un cantique de triomphe.

Telle est la sainte et touchante figure historique qui a inspiré les auteurs du *Miracle des Roses*.

Par le fait, ils ont eu en quelque sorte pour collaborateur l'abbé Pelier de la Croix.

COMMENT M. DE BALZAC CONÇUT LE PLAN
D'UN DRAME HISTORIQUE INTITULÉ
PIERRE ET CATHERINE
ET COMMENT IL FIT *LA MARATRE*

Une après-midi de l'été de 1847, un visiteur sonnait à la porte de l'un des deux pavillons que le célèbre docteur Ségalas avait fait construire à Bougival, sur la route, au bord de la Seine. Une bonne vint ouvrir.

— Le directeur du Théâtre-Historique? demanda l'étranger.

— Je vais prévenir monsieur, dit la bonne. Veuillez attendre ici, sous le bosquet.

C'est ainsi que le propriétaire appelait pompeusement quelques brins de vigne vierge entrelacés auprès de la porte d'entrée.

Je me trouvais sur le chemin de halage, abrité par la maison contre un soleil ardent. On m'annonça une visite.

— Une visite? Quelle idée de venir par une telle chaleur! Ce monsieur a-t-il dit son nom?

— Je ne le lui ai pas demandé.

— Comment est-il?

— Dame! je n'ai pas bien regardé. Il a un chapeau de paille et des souliers pleins de poussière. Et puis il tient à la main une baguette avec laquelle il fait tomber les feuilles de la vigne vierge.

— Elle n'en a pas déjà de trop, dis-je avec la contrariété d'un homme que l'on dérange.

Je quitte mon ombre et je me dirige vers le visiteur. Il regardait à travers la porte et se présentait de dos. A le juger ainsi, ce devait être quelque fournisseur de campagne. Il se retourne ; je reconnais M. de Balzac, le grand Balzac !... Je l'avais vu souvent, sans lui avoir jamais parlé.

Je me confonds en excuses pour l'avoir fait attendre. Je lui offre avec mille empressements d'entrer dans le petit salon.

— Nous étoufferions là dedans, dit-il avec bonne humeur. Est-ce indiscret de vous demander si vous n'étiez pas quelque part plus au frais, lorsque j'ai sonné à votre porte?

— Ma foi, monsieur de Balzac, je vous confesserai que j'étais tout bonnement sur le chemin de halage, à l'ombre, au bord de la rivière, où il y a une belle herbe verte, qui fait paraître encore plus jaune le gazon de mon jardin.

— Eh bien, dit Balzac en riant, c'est là, si vous le voulez bien, que nous allons causer. Montrez-moi le chemin.

Quand il fut assis, bien à son aise, il m'expliqua que depuis longtemps il projetait de composer pour notre théâtre un grand drame historique, dont il avait les éléments, ainsi que j'allais le voir; mais qu'il avait été retenu par la crainte de rencontrer une certaine opposition de la part d'Alexandre Dumas. Il avait appris, tout récemment, qu'à côté du grand écrivain se trouvait un directeur responsable; que ce directeur c'était moi; or, étant mon voisin (Balzac avait alors une maison de campagne à Marly-le-Roi), il s'était décidé à s'arrêter à Bougival pour me demander franchement quelques renseignements.

— N'ayez aucune appréhension, dis-je à M. de Balzac ; notre patron littéraire accueillera avec enthousiasme l'idée de voir un auteur aussi considérable que M. de Balzac s'associer à lui pour la gloire et le succès de notre théâtre.

A l'appui de cette déclaration, je citai le nom d'Adolphe Dumas, que *l'autre* Dumas avait fraternellement accueilli avec son *École des Familles* ; le nom de Joseph Autran, le père de *la Fille d'Eschyle;* celui de Paul Meurice, à qui nous devions un *Hamlet* en beaux vers, etc., etc.

— A la bonne heure, dit Balzac, me voilà tout à fait rassuré. Je puis donc, sans inconvénient, vous parler de mon drame historique. Il s'appellera *Pierre et Catherine*. Pierre Ier et Catherine de Russie! c'est, je crois, un excellent sujet de pièce !

— Traité par vous, monsieur de Balzac, le sujet ne peut être qu'excellent. Êtes-vous avancé? avez-vous un plan détaillé ?

— Tout est là, dit Balzac en se frappant le front. Il ne s'agit plus que d'écrire. Tenez, on pourrait répéter après-demain le premier tableau.

— Je serais bien curieux de connaître ce premier tableau, dis-je de mon air le plus aimable.

— C'est très-facile. Nous sommes dans une auberge russe. Vous voyez d'ici le décor ? Bon. Dans cette auberge beaucoup de mouvement, parce qu'il y a sur la route des passages de troupes. On entre, on sort, on boit, on cause, mais tout cela très-rapidement.

Parmi les gens de la maison, une servante jeune, vive, alerte. Faites attention à cette femme-là !... Elle est bien campée, pas de beauté, mais un piquant exceptionnel ! On la lutine en passant : elle sourit à tout le monde. Cependant, il ne faut pas aller trop loin, ni en paroles ni en gestes. Aux propos vifs, aux étreintes entreprenantes, elle répond par des gifles qui valent des coups de poing.

Entre un soldat plus crâne que les autres, chargé d'une mission particulière et pressée : il se donne, pour l'accomplir, le temps qu'il veut employer. Il peut donc boire à son aise, et causer longuement avec la servante, si elle lui plaît. Et, en effet, elle lui plaît à première vue ; quant à elle, le soldat lui semble un beau soldat.

— Fille, dit-il, en la prenant par la taille, tu me conviens, mets-toi là, près de moi à cette table, et buvons ensemble. — Le soldat s'assied et fait asseoir la servante.

S'apercevant que le vieil hôtelier n'est pas de cet avis, le soldat se lève avec fureur, et, écrasant son poing sur la grosse table de sapin : Qu'on ne s'oppose point à ma volonté, sinon je mets le feu à la baraque ! Et il l'aurait mis, en vérité. C'était cependant un honnête militaire, mais terrible avec ses inférieurs.

Le vieil hôtelier fait signe à la jeune fille d'obéir. Que voulez-vous ? Lorsque les troupes sont déchaînées dans les campagnes, le pauvre paysan est bien en peine !

Le soldat s'était remis à table. Il avait le bras tendrement passé autour du cou de la servante ; il ne détachait ce bras que dans les moments où il prenait son verre, l'autre main étant occupée à tenir le tuyau de la pipe qu'il fumait. Quand il avait largement bu, il regardait avec passion la fille d'auberge, et il lui disait : « Sois tranquille, je te donnerai une bien plus belle cabane que celle-ci. »

Tandis qu'ils causent immobiles, sans s'occuper d'autre chose, la porte du fond s'ouvre. Un officier paraît. En le voyant, chacun se lève avec respect. Les soldats font le salut réglementaire et se tiennent immobiles.

Seuls, le soldat et la servante demeurent assis. Ils n'ont ni entendu ni vu l'officier. Remarquant cela, le personnage gradé s'indigne, ses yeux s'arrêtent sur la servante ; il ne cesse point de la regarder, tandis qu'il s'avance vers la table. Arrivé près du soldat, il lève le bras et l'abaisse avec une force terrible sur l'épaule du pauvre diable qui se courbe sous le choc : « Debout, drôle ! s'écrie l'officier. Vas écrire sur le comptoir ton nom, celui de ton régiment, ton numéro d'ordre et attends-toi à avoir bientôt de mes nouvelles ! »

Au premier moment, c'est-à-dire en recevant le coup sans savoir qui le donnait, le soldat s'était senti disposé à se venger ; mais en reconnaissant un supérieur, l'instinct de défense avait été dominé par l'habitude de la subordination. Il se dresse automatiquement, il fait le salut et va inscrire au comptoir le nom demandé.

Cependant l'officier considère la servante avec un redoublement d'attention. Cet examen paraît le calmer et l'adoucir. Le soldat, ayant écrit, présente humblement le papier. « C'est bon, dit l'officier en le lui rendant, va-t'en. »

Le soldat fait un nouveau salut, tourne sur ses talons selon l'ordonnance, et sort sans regarder personne, pas même la jolie fille.

A celle-ci l'officier fait un sourire, elle répond en souriant aussi. « Un bel homme ! » pense-t-elle.

Le bel homme s'assied à la place que le soldat occupait. Il demande qu'on lui apporte ce qu'il y a de meilleur dans l'auberge, et il invite la servante à lui tenir compagnie. Elle accepte sans hésitation.

La conversation s'engage entre eux et devient promptement très-intime.

Un étranger se montre à la porte d'entrée. Il est enveloppé dans un grand manteau.

En voyant ce personnage, hommes et femmes tombent à genoux. Quelques-uns inclinent leur front jusqu'à terre.

Pas plus que n'avait fait le soldat, l'officier ne remarque ce qui se passe derrière lui. La séduisante fille d'auberge est en train de l'ensorceler. Dans un moment d'enthousiasme, l'officier s'écrie : « Tu es divine, je t'emmène. Tu auras un bel appartement où il fait très-chaud. »

De loin, le personnage au manteau examine le groupe resté indifférent à sa venue. Comme malgré lui, la fille espiègle attire son attention et sa sympathie. Il s'approche de la table, et rejetant son manteau en arrière, il reste les bras croisés sur sa poitrine. L'officier jette les yeux sur lui. Aussitôt l'officier se lève en pâlissant, et, s'inclinant très-bas, il balbutie ces mots : « Ah, pardon, sire ! »

— Relève-toi.

De même encore que le soldat, l'officier se relève tout d'une pièce, attendant le bon plaisir du maître. Le maître était occupé à regarder de près la servante ; de son côté, elle considérait avec admiration et sans trembler le tzar tout-puissant.

— Tu peux te retirer, dit celui-ci à l'officier. Je garde cette femme, je lui donnerai un palais !

Ainsi se rencontrèrent pour la première fois Pierre Ier et celle qui devint Catherine de Russie !...

— Eh bien ! que dites-vous de mon prologue ? demanda Balzac.

— Très-curieux, très-original ! mais le reste ?

— Sous peu, vous l'aurez. La donnée est intéressante; vous verrez!... Comme cadre aux événements historiques, je rêve une mise en scène toute nouvelle. La Russie est pour nos théâtres, et principalement pour le vôtre, une mine féconde à exploiter. On y viendra. Au point de vue décoratif et plastique, nous en sommes encore, quand il s'agit de ce riche et grandiose pays, aux enluminures représentant le passage de la Beresina, et la mort de Poniatowski avec son grand diable de cheval qui a l'air de vouloir avaler des glaçons.

S'animant à mesure qu'il parlait : « Et les habitants? Des cœurs d'or! bien préférables aux nôtres. Quant à leurs paysans, il n'y a plus que parmi eux qu'il existe des ténors. Nos campagnards, à nous, ont tous des voix de prudhommes enrhumés... Et la haute société russe! adorable! au surplus, c'est là que j'ai choisi et obtenu ma femme!... »

Balzac me laissa enthousiasmé de lui et bâtissant des montagnes d'espérances en raison du succès inévitable de *Pierre et Catherine.*

Lorsque je le revis, tout était changé.

Il avait renoncé momentanément à la pièce russe. Il s'engageait à nous la donner plus tard ; mais il avait réfléchi. C'était une entreprise colossale, pour laquelle il ne fallait rien négliger. Or, il lui manquait une foule de détails indispensables sur certaines cérémonies, sur certains usages, qu'il se proposait d'étudier sur les lieux mêmes, attendu que, durant l'hiver suivant, il devait faire un voyage à Saint-Pétersbourg et à Moscou... Bref, il me priait de ne pas insister, offrant de livrer au printemps une pièce en remplacement de celle qu'il ajournait.

Malgré mon désappointement, je dus souscrire aux désirs de M. de Balzac, et, en désespoir de cause, je le priai de me dire, si cela était possible, quelques mots du sujet nouveau qu'il nous destinait.

— Ce sera une chose atroce, reprit Balzac avec le contentement d'un homme à qui l'on a cédé. — Comment! atroce? — Entendons-nous, il ne s'agit pas d'un gros mélodrame où le traître brûle les maisons et perfore à outrance les habitants. Non ; je rêve une comédie de salon où tout est calme, tranquille, aimable. Les hommes jouent placidement au whist, à la clarté de bougies surmontées de leurs petits abat-jour verts. Les femmes causent et rient en travaillant à des ouvrages de broderie. On prend un thé patriarcal. En un mot, tout annonce la règle et l'harmonie. Eh bien, là-dessous les passions s'agitent, le drame marche et couve jusqu'à ce qu'il éclate, terrible, comme la flamme d'un incendie. Voilà ce que je veux.

— Vous êtes dans votre élément, maître. Alors votre donnée est trouvée?

— Complétement. C'est le hasard, notre collaborateur habituel, qui me l'a fournie. Je connais une famille — je ne la nommerai pas — composée d'un mari, d'une fille (que le mari a eue d'une première union), et d'une belle-mère, jeune encore et sans enfant. Les deux femmes s'adorent. Les soins empressés de l'une, la tendresse mignonne et caressante de l'autre, font l'admiration de l'entourage.

Moi aussi, j'ai trouvé cela charmant... d'abord.
— Ensuite, je me suis étonné, non point qu'une belle-mère et sa bru fussent bien ensemble, — cela n'est pas précisément contre nature, — mais qu'elles fussent trop bien.

Malgré moi, je me pris à observer; quelques incidents futiles me maintinrent dans mon idée. Enfin, une circonstance plus grave m'a prouvé, un de ces derniers soirs, que je n'avais point porté un jugement téméraire.

Comme je me présentais dans le salon, à une heure où il ne s'y trouvait presque plus personne, je vis la bru sortir sans m'avoir remarqué. Elle regardait sa belle-mère. Quel regard ! quelque chose comme un coup de stylet. La belle-mère était occupée à éteindre les bougies de la table de whist. Elle se retourna du côté de sa belle-fille ; leurs yeux se rencontrèrent, et le plus gracieux sourire se dessina en même temps sur leurs lèvres. La porte s'étant refermée sur la bru, l'expression du visage de l'autre femme se changea subitement en une amère contraction.

Tout cela prit, vous le pensez bien, le temps d'un éclair, mais ce temps m'avait suffi. Je me dis : Voilà deux créatures qui s'exècrent ! que venait-il de se passer ? Je n'en sais rien, jamais je ne voudrai le savoir ; mais, partant de là, un drame tout entier se déroula dans mon esprit.

— Et, pour la première représentation, vous offrirez une belle loge à ces dames, afin qu'elles profitent de la leçon que la pièce contiendra sans doute à leur intention ?

— Assurément, j'offrirai la loge dont vous parlez, et puisque vous en faites la remarque, cela vous oblige, dès à présent, à m'en réserver une de plus ; mais je ne songe nullement à donner des leçons à qui que ce soit. Bien présomptueux serait le romancier ou l'auteur dramatique qui écrirait pour donner des leçons ! Il influence ses lecteurs ou spectateurs sans but défini à l'avance ; à son tour, il subit l'action de son temps, sans se rendre compte du comment ni du pourquoi. Instinct et hasard !...

Pour en revenir à ces dames, elles jouent la comédie de la tendresse, cela est, pour moi, hors de doute ; mais les choses peuvent en rester là, entre elles, sans aboutir fatalement à un drame quelque peu foncé. Elles m'ont fourni, je le répète, un simple point de départ. Mes déductions féroces sont le fruit de mon imagination, et n'auront jamais, — je me plais à le croire, — rien de commun avec les réalités de leur existence. Dans tous les cas, si leur désunion contenait, ce qu'à Dieu ne plaise, les germes quelconques d'un dénoûment violent, il serait très-possible, en effet, que ma pièce les arrêtât sur cette pente.

— Faites donc, maître, et tout sera pour le mieux.

Quelques mois s'écoulèrent. Le voyage en Russie eut lieu; puis, vint l'heure du retour. J'en fus instruit des premiers, et je courus chez M. de Balzac, à son hôtel de l'avenue Fortunée.

Je frappai à la dernière porte à droite en venant des Champs-Élysées. L'entrée n'avait rien de monumental : elle était munie d'une petite fenêtre grillée qui s'ouvrit au bout d'un moment : un domestique en veste rouge me fit décliner mes nom et qualités; il disparut, et bientôt après, je fus introduit dans un jardinet dont les allées étroites étaient macadamisées jusqu'à la maison. Là, j'entrai dans un salon un peu bas. Ma vue fut immédiatement attirée par un magnifique buste en marbre, dû à David d'Angers, et représentant le maître du logis.

Balzac était à l'autre extrémité du salon : il me laissa contempler son buste; puis il me cria de loin : « Le voilà, votre manuscrit! »

Alors, je vis mon auteur, debout contre une table de travail, vêtu de sa grande robe monacale de laine blanche, la main appuyée sur un manuscrit de papier grisâtre. Le manuscrit rayonna à mes yeux comme doit rayonner à ceux du chercheur d'or la pépite qu'il vient de découvrir.

J'accourus. Sur le premier feuillet, Balzac avait écrit de sa main, en gros caractères : GERTRUDE, *tragédie bourgeoise,* en cinq actes et en prose. Au verso, se trouvait la distribution projetée de la pièce. Mélingue était désigné pour le rôle de *Ferdinand,* l'amant de la belle-mère et de la bru. Mme Dorval devait jouer *Gertrude.* Les noms de Mathis, Barré (aujourd'hui sociétaire de la Comédie-Française), Saint-Léon, Gaspari, etc., figurent encore pour les autres rôles.

Au-dessous, l'auteur a minutieusement indiqué tout ce qui concernait l'époque, le truc de l'action, l'ameublement et le décor. Il va jusqu'à donner la mesure du double tapis, qu'il juge indispensable pour la mise en scène. Ces curieux détails ont été ramenés, dans l'œuvre imprimée, aux mentions sommaires en usage.

Quant à l'unique salon, dans lequel la pièce primitive devait se jouer, il fut ensuite additionné de la chambre où Pauline se suicide.

Nous décidâmes qu'une première lecture aurait lieu le surlendemain chez M. de Balzac, et que je me chargeais d'amener Mme Dorval et Mélingue. Au jour indiqué, nous étions réunis, et l'auteur commença en disant d'une voix claire : *Gertrude, tragédie bourgeoise !!!* — Oh ! oh ! *Gertrude !* tragédie ! fit Mme Dorval à mi-voix ! — « N'interrompez pas, » s'écria Balzac en riant. Il reprit son manuscrit, et un silence religieux fut observé.

On s'arrêta à la fin du second acte. Impossible d'aller plus loin, tant l'œuvre était longue et touffue. En sortant, nul d'entre nous n'avait songé à faire des compliments à l'auteur sur ce que nous venions d'entendre : nous avions positivement la cervelle troublée comme si l'on nous eût fait prendre d'un vin capiteux.

Balzac nous accompagna jusqu'au seuil de sa maison, sans paraître s'être aperçu de notre irrévérence ; il nous donna un autre rendez-vous.

Balzac nous lut ses trois derniers actes. Le suicide de Pauline était l'objet d'un récit, ce qui fit encore bondir Mme Dorval. Balzac s'arrêta, la regarda un moment, puis il dit : J'ai compris ! et il continua. Parvenu à la fin du cinquième acte, et sans attendre nos réflexions : « Des longueurs ; un quart de la pièce à couper ; un récit à mettre en action...

— Et un titre à changer, ainsi qu'un comédien, » s'écria vivement Mme Dorval, en indiquant d'une main, sur le manuscrit, le mot : *Gertrude*, et de l'autre, en désignant Mélingue, qui baissait la tête. Il avait prié la grande comédienne, sa camarade, de lui faire retirer un rôle qu'il ne sentait pas fait pour ses moyens.

Le titre ne souleva point d'objections. On le remplaça par celui de *la Marâtre*, qu'il a glorieusement gardé. Quant à la question Mélingue, ce fut une autre affaire. Balzac ne voulut entendre à rien. La discussion s'engagea, longue, fatigante, tout en restant des plus courtoises. Mélingue, épuisé, dit : Allons ! vous y tenez absolument ? — Absolument. — Eh bien, alors, j'obéis !

A ce mot, Balzac éprouva comme une commotion. Cessant de parler, il fit quelques tours dans le salon, puis, venant à Mélingue : « Je n'accepte pas cela, dit-il. Je vous veux convaincu ; obéissant, non ! Votre concession m'a été au cœur. C'est une grande preuve de déférence et d'amitié. Laissez ce rôle et donnez-moi la main ! » Mélingue était fort ému ! nous avions beaucoup d'émotion aussi.

Quelques conférences entre Balzac et Mme Dorval firent subir à la pièce les plus heureuses modifications.

La vaillante comédienne était souffrante ; elle n'en commença pas moins les répétitions avec une ardeur extrême. Elle y apportait un liant, un charme dont se souviennent encore ceux qui eurent le bonheur de la seconder. Ce fut dans un de ses moments d'entrain qu'elle esquissa, à mon intention, sur la table du souffleur, un paysage à la plume, dont le dessin enfantin est intéressant par son inexpérience même, et surtout par la consécration touchante que la mort donne aux moindres souvenirs laissés par ceux que l'on a aimés et admirés.

Mme Dorval était minée par le mal implacable qui devait sitôt l'emporter. Elle ne put continuer les répétitions ; l'on confia son rôle à Mme Lacressonnière. La remplaçante obtint le succès que l'on sait, mais un jour qu'on la complimentait, elle répondit : « Ah ! si elle avait joué, elle ! »

La Marâtre fut représentée en juin 1848, ce qui veut dire au milieu des circonstances politiques les plus désastreuses !... Les théâtres étaient forcément abandonnés... Cependant telle est la puissance du génie, que ce qui restait à Paris de vaillant en littérature, se pressa dans la salle, et fit à l'œuvre de Balzac l'accueil sympathique et chaleureux qu'elle méritait.

Le lendemain de la représentation, j'allai rendre visite à l'auteur.

— Nous avons remporté la victoire, lui dis-je d'un ton joyeux.

— Oui, me dit Balzac, une victoire à la façon de celle de Charles XII.

En le quittant, je me risquai à lui demander où

il était la veille et à lui reprocher de ne pas s'être montré à nous.

— Mais, me répondit-il en souriant, j'étais caché dans la loge des dames X...

— Ah ! eh bien ! ajoutai-je avec curiosité.

— Eh bien, la pièce les a beaucoup intéressées. Au moment où Pauline s'empoisonne pour laisser croire que sa belle-mère l'a assassinée, ma jeune fille a poussé un cri d'horreur ; elle m'a lancé un regard de reproche, regard mouillé d'une larme, et, saisissant vivement la main de sa belle-mère, elle a porté cette main à ses lèvres avec un élan...

— Sincère ?...

— Oh ! oui ! J'en suis sûr.

— Vous voyez bien, maître, que votre pièce peut servir de leçon ?

JOSEPH AUTRAN

Il fut de cette brillante pléiade d'écrivains qui entourèrent le berceau du Théâtre-Historique.

Joseph Autran était né à Marseille ; il vint à Paris, vers l'année 1847, chercher son baptême littéraire. Après l'avoir glorieusement obtenu, il retourna habiter sa ville natale ; là il rêva, écrivit et mourut (mars 1877).

Un vrai poëte !... Doué du rhythme, du nombre, de l'harmonie, il justifiait cette observation de Théophile Gautier, que « les Athéniens de Marseille, habitant une ville dorée, entre le double azur du ciel et de la mer, ont, de naissance, la familiarité de l'antique. »

Joseph Autran possédait au suprême degré l'amour du grand et du beau, tel que les anciens, ses maîtres et ses modèles, le comprenaient et l'exprimaient. Sa *Fille d'Eschyle*, étude grecque, le fit bien voir, pour un coup d'essai.

Il avait communiqué cette œuvre à Alexandre Dumas fils dont il était l'ami. Alexandre présenta à son père l'auteur et la tragédie.

Dumas fut très-frappé de la grandeur et de la simplicité du sujet. A part les noms des personnages, tout était de l'invention du jeune poëte. Voilà pour le fond. Quant à la forme, l'alexandrin musical et la rime riche de la *Fille d'Eschyle* firent une grande impression sur Dumas, dont l'impressionnabilité était si vive et le goût si délicat.

Il sauta au cou du jeune homme, lui adressa des compliments chauds et sincères, s'empara du poëme dramatique en disant qu'il s'en chargeait. En effet, il le destinait au Théâtre-Historique.

Dire la joie de Joseph Autran serait chose impossible !

La *Fille d'Eschyle* fut distribuée aux artistes. J'ai sous les yeux une lettre de Dumas où se trouve cette phrase : « ... Cher ami, pressons les répétitions de mémoire de la pièce d'Autran. »

Les circonstances ayant mis obstacle à la continuation de ces études, Alexandre Dumas multiplia les démarches pour faire recevoir, et puis jouer à l'Odéon, la *Fille d'Eschyle*. Elle obtint un succès formidable...

La représentation ne fut qu'un triomphe, non interrompu, pour l'auteur, dont la surexcitation nerveuse était si grande que l'on craignait à chaque instant de le voir s'évanouir. Il résista jusqu'au dernier moment ; mais lorsque, après le baisser final du rideau, il entendit son nom accueilli par un tonnerre d'applaudissements, il perdit connaissance et serait tombé sur le sol, si on ne l'avait soutenu.

Une salle enivrée d'une poésie sublime de générosité rappelait avec enthousiasme le jeune auteur. Après s'être fait attendre, il parut, plus mort que vif; son effarement durait encore que ses admirateurs étaient partis depuis longtemps.

Le lendemain, il goûtait avec plus de calme et avec un bonheur mieux senti les résultats d'une telle victoire. A peu près obscur la veille, il était célèbre aujourd'hui. C'était à qui lui ferait visite, ou lui écrirait pour le féliciter, le louanger, l'honorer.

Une dame du meilleur monde lui fit remettre, dans un petit coffret, le mouchoir brodé qui, la veille, lui avait servi à sécher les pleurs causés par les douleurs touchantes et par le sacrifice pieux de Méganire, la fille d'Eschyle.

Heureux et fier de cet hommage, gracieusemen féminin, Autran écrivait : « ..... Je regarde le mouchoir humide de Mme de *** comme la plus flatteuse preuve d'un succès qui a si fort dépassé mes espérances et mon mérite... »

Dans un sonnet qui resta longtemps inédit, Joseph Autran déclare n'avoir abordé la scène qu'une seule fois :

> Je n'ai jamais couru la fortune des planches.
> On dit que le théâtre est le plus beau des arts ;
> Je n'ai jamais aimé ce jeu, plein de hasards,
> Où les efforts trompés demandent des revanches.
>
> Thalie a beau chanter et rire aux boulevards,
> Je résiste à l'éclat de ses belles dents blanches,
> Et, dans les flots de sang versés par les poignards.
> Je laisse Melpomène ensanglanter ses manches.
>
> Une fois cependant, une seule, voilà
> Bien longtemps, j'abordai bravement le théâtre.
> Ce fut un grand succès dont tout Paris parla.
>
> Je vis ce qu'on appelle une foule idolâtre ;
> Elle battit des mains, elle me rappela ;
> Mais en homme prudent, je m'en suis tenu là.

Il est très-vrai que Joseph Autran ne fit jouer qu'une pièce ; mais il en composa deux. *Eschyle* fut la première; la seconde est une comédie en un acte intitulée : *les Noces de Thétis.* Je la mentionne pour mémoire, sans lui attacher plus d'importance que l'auteur n'en voulait lui-même accorder à cette fantaisie. Elle est écrite avec la fluidité, avec la correction, enfin avec la sérénité poétique qui caractérisent le talent de Joseph Autran, même dans ses manifestations les plus familières.

UN MYSTÉRIEUX AMI

Je le vois encore, bien qu'il ait disparu depuis de longues années...

C'était un petit homme de trente-six ans, aux yeux bleus d'une grande douceur, aux gestes félins, à l'allure fluide. Il allait sans bruit, pour mieux dire il se glissait; quand il nous faisait visite, il choisissait l'heure qui n'est plus le jour et qui n'est pas la nuit, celle que l'on désigne vulgairement par ces mots imagés : « entre chien et loup. »

A cette heure-là, où, en hiver, les flambeaux ne sont pas encore allumés, si l'on entendait un coup de sonnette, venant timidement du dehors, on disait : « C'est lui ! »

C'était lui, en effet. Il entrait, comme poussé par la domestique; il saluait un peu bas, et restait auprès de la porte, quelque instance que l'on mît pour le rapprocher de la cheminée, où il faisait chaud et clair. La pénombre lui plaisait. Le froid lui paraissait indifférent. Il était si modeste !

Il attendait qu'on lui adressât la parole. Il répondait brièvement et ne questionnait jamais. Rarement, il venait les mains vides. Tantôt c'était une fleur exotique, tantôt un fruit magnifique. On avait beau refuser, il insistait tellement qu'on ne pouvait se défendre de garder ce qu'il offrait. Une fois, on se risqua, avec tous les ménagements possibles, à lui proposer le remboursement de ces raretés qui devaient lui coûter très-cher. Il répondit qu'elles ne lui coûtaient rien du tout, par la raison qu'étant fleuriste de sa profession, il avait accès dans des jardins de luxe, où il dessinait, d'après nature, des fleurs merveilleuses, non répandues dans le commerce, et où, en échange de quelques-uns de ses produits artistiques, on lui donnait de temps à autre des spécimens intéressants, dont il était trop heureux de faire ensuite hommage à des connaisseurs.

Il n'y avait rien à dire à cela. On laissa donc agir cet aimable fleuriste ; on s'habitua à ses visites, à sa manière d'être, à ses singularités. Mais l'intimité n'allait pas plus loin. Lui-même ne s'y prêtait guère. Plus d'une fois, comme il se trouvait présent au moment où la bonne annonçait que le dîner était servi, on le pria, par occasion, de vouloir bien le partager. Il refusa constamment avec une douce ténacité. On parvint à lui faire accepter quelques billets de spectacle, et encore c'était pour sa femme et sa petite-fille.

Car il était marié. Il nous avait souvent parlé avec une tendresse infinie de sa fillette qui était si gentille, si bonne, si intelligente ! Cela lui avait attiré définitivement les sympathies des dames de la maison.

— Comme il aime son enfant ! disaient-elles. Quel brave homme !

Ce brave homme, que l'on aurait cautionné au besoin, restait cependant inconnu. On savait qu'il était fleuriste, qu'il était marié et père, excellent père même ; mais on ignorait comment il s'appelait et où il demeurait ; on n'avait jamais le temps de le lui demander. Cela importait si peu, et il s'en allait si vite !

Maintenant, où l'avais-je connu ? C'était, si mes souvenirs ne me trompent point, à la porte du Théâtre-Historique, sur les marches d'entrée. Je faisais volontiers de cette localité mon poste d'observation. Or, étant là, un soir, je reçus un grand salut d'un monsieur qui passait et qui s'arrêta devant les affiches. Je rendis le salut, sans m'inquiéter de la personne à qui je le réciproquais.

Le lendemain, le surlendemain, mêmes politesses

de la part du monsieur; mêmes rendements de la mienne, et ainsi de suite, tous les jours, à de rares exceptions.

On ne se figure point combien un témoignage quotidien de politesse, à heure fixe, finit par établir de bienveillance entre les gens ! On s'habitue au visage de celui qui salue avec cette persévérance : à la longue il semble qu'on l'a toujours connu. Dans tous les cas, ce n'est plus un étranger. Le coup de chapeau, ainsi pratiqué, devient un lien social.

Un soir qu'il pleuvait, je trouvai mon salueur (le mot n'est pas usité, mais Littré le consacre), tout mouillé et grelottant devant le théâtre. Je l'invitai à venir s'asseoir aux fauteuils d'orchestre où il se sécherait et se réchaufferait. Il se fit prier ; comme j'insistais, il accepta.

Nous nous approchâmes de la boîte où le contrôleur en chef était gravement assis, et je dis à cet employé supérieur de vouloir bien placer mon compagnon. Celui-ci me remercia, et son regard exprima une si affectueuse reconnaissance, que je me sentis pris d'un grand élan, et je prescrivis que l'on marquât aux entrées monsieur...

— Monsieur ?... reprit le contrôleur attendant l'énonciation du nom.

Mon ami donna à voix basse l'indication demandée, et, après m'avoir encore remercié, il pénétra dans la salle.

Je me fis remettre le livre sur lequel on venait d'inscrire le nouveau bénéficiaire d'entrées quotidiennes, et je lus :

— Durbety, rue..., n°...

Donc il s'appelait Durbety, ce n'était pas un prince déguisé ; Durbety tout simplement.

A quelque temps de là survinrent les graves événements de février 1848. J'eus des occasions plus fréquentes de voir mon ami Durbety. Garde national actif, délégué de section, il allait et venait au milieu de l'agitation de la rue. Un moment, j'eus peur que mon ami ne cachât, sous sa modeste enveloppe de fleuriste, les agissements d'un personnage politique. Crainte vaine ! Durbety ne s'élevait pas au-dessus de sa sphère. C'était un homme d'ordre, un conservateur, et je ne tardai pas à en avoir la preuve.

Dans le cours de ce mois de février, on eut à redouter des manifestations subversives de la propriété. Je ne sais pas si la phrase est de M. Joseph Prudhomme, mais ce qu'il y a de certain, c'est que l'on parlait ainsi dans la classe bourgeoise du quartier.

Un jour, des gens armés se présentèrent au théâtre, rue des Fossés-du-Temple. Ils paraissaient obéir à un garde national gradé qui n'était autre que l'ami Durbety. Évidemment, il ne pouvait conduire que des hommes d'ordre comme lui. Trouvant la porte fermée, ces hommes d'ordre appelèrent le concierge et menacèrent d'enfoncer ladite porte, si on ne l'ouvrait à l'instant.

Le concierge monta à l'entre-sol ; là, derrière les contre-vents, il demanda ce qu'on lui voulait. « Ne me reconnaissez-vous point ? s'écria Durbety, d'une voix enjouée. Je suis l'ami de votre directeur ! — Peut-être bien que je vous reconnais, monsieur Durbety, répondit le gardien ; mais quant aux amis, à cette heure-ci, ils ne sont pas faciles à démêler. »

Le concierge était, on le voit, un serviteur sagace. Il avait l'art des distinctions. Il est vrai que dans la rue Basse-du-Temple, il avait eu mainte occasion de voir des frères et amis de plus d'une sorte.

Cependant les compagnons de Durbety s'impatientaient. Précisément j'arrivais par le faubourg du Temple; ayant reconnu de loin mon ami le fleuriste, je courus à lui en lui demandant ce qui l'amenait dans nos parages.

— Tiens, fit Durbety avec un léger étonnement, je vous croyais aux Tuileries avec la 6e légion. Ma foi, je suis bien ravi de vous voir. — Il m'expliqua qu'on avait fait courir le bruit dans son quartier qu'on devait mettre au pillage divers théâtres, et particulièrement le nôtre, où il y avait, disait-on, beaucoup d'argent. « Cela m'a inquiété, dit Durbety en terminant, et, avec quelques voisins et amis, je suis venu pour vous sauvegarder, vous et vos biens. »

Je remerciai avec effusion mes braves défenseurs; je les fis monter dans mon bureau. Je leur offris de s'asseoir. On leur devait bien cette politesse. Je ne pouvais leur proposer des rafraîchissements, les cafés du voisinage étant fermés. J'aurais dû penser aux marchands de vin qui ferment moins que jamais aux époques troublées et altérées ; faute d'habitude, l'idée ne m'en vint pas à l'esprit.

Durbety et ses amis restaient donc debout, les regards fixés sur une grosse caisse en fer qui donnait au bureau un aspect très-riche. « Ah ! ah ! dis-je en riant, voilà qui vous tire l'œil. La boîte aux recettes ! Eh bien, rassurez-vous. Aussitôt reçues, aussitôt distribuées. Voyez. » Et j'ouvris la caisse. Elle ne contenait que quelque menue monnaie.

— Oh ! à la bonne heure, s'écria Durbety avec satisfaction, nous savons à quoi nous en tenir, et nous voilà tranquilles, n'est-ce pas, mes amis ?...

Ces braves gens se retirèrent comblés de nos remercîments.

Peu de jours après Durbety vint à la maison, où se trouvaient quelques personnes intimes, parmi lesquelles une dame, artiste de notre théâtre.

On ne tarissait point sur les louanges de Durbety, sur sa belle conduite, sur son dévouement.

Je laisse à juger de l'ovation qu'on lui fit quand

il parut! Ensuite la conversation roula sur les vols et les voleurs.

— Oh! moi, je ne les crains pas, dit la dame artiste. Vous ne devineriez jamais ce que j'ai imaginé pour les dépister, dans le cas où il leur prendrait la fantaisie de venir visiter mon logement de la rue...

Et la bavarde, car elle l'était dans ce temps-là, — peut-être l'est-elle encore un peu? — se mit à faire confidence des cachettes, d'ailleurs fort ingénieuses, qu'elle avait inventées pour mettre en sûreté son or, ses bijoux, ses valeurs, le tout s'élevant à un total assez important. — A propos, ajouta-t-elle en riant, inutile de vous recommander la discrétion, n'est-ce pas? Tout ce que nous disons ici est perdu.

— Absolument, répondit Durbety, du côté de qui la dame s'était tournée en achevant sa phrase.

Vers la fin du mois, nous décidâmes, — vu la misère théâtrale qui régnait à Paris, en l'absence de tout autre règne, — d'aller donner à Londres des représentations de la *Reine Margot*. En passant, je rappellerai que la pièce fut défendue à cause de son titre, et à cause des légèretés anti-britanniques de l'épouse du roi de Navarre. On remplaça la pièce par *Monte-Christo*. Mais n'anticipons point.

Nous traitâmes de la location de Drury-Lane,

théâtre voué à Shakespeare. Notre troupe se prépara à passer le détroit. Je la précédai pour les installations.

A Boulogne, me promenant sur le pont du bateau en partance pour Folkestone, je vis un monsieur s'avancer vers moi, la main tendue. C'était Durbety.

— Vous allez donc aussi en Angleterre? lui dis-je.

— Oui, ma foi, un de mes plus importants expéditeurs à l'étranger, inquiété par nos secousses politiques, a définitivement quitté Paris. Il s'est installé à Londres, où je vais le trouver pour régler nos relations d'affaires. Instruit de votre voyage, j'ai profité d'une occasion qui nous rapprochait.

— En vérité, mon cher Durbety, vous êtes le plus attentionné des amis. Ah! ça, j'espère que l'on va vous voir là-bas!

— Oh! je craindrais de vous importuner; et puis, vous serez bien occupé. Tout ce que je me permettrai, c'est d'aller vous demander une place pour votre première représentation à Drury-Lane.

— Comment donc, je vous la réserverai avec le plus grand plaisir. Où faudra-t-il faire remettre le coupon?

— Inutile de déranger quelqu'un pour moi. Je viendrai le prendre, vous dis-je.

— Mais, mon cher Durbety, vous ne savez pas où je demeurerai.

— Oh ! je le saurai, répondit-il vivement ; puis se reprenant en souriant : « On me le dira au théâtre. »

Arrivé à Londres, je fus absorbé par mille détails qui ne me laissèrent point le temps de penser à mon ami le fleuriste.

Au moment de la représentation, il vint chercher sa place. Je la lui donnai, sans causer longuement avec lui. Je n'étais pas en humeur de confidences.

— Vous paraissez soucieux, dit-il ; eh bien, il n'y a pas de quoi. Vous tenez une veine, une vraie ! vous verrez.

— Merci, répondis-je, et je le congédiai assez brusquement. — S'il avait eu connaissance de ce qui se passait, il n'aurait pas conçu une idée aussi avantageuse de nos futures représentations.

La vérité est qu'une cabale formidable s'organisait dans l'ombre pour s'opposer non-seulement à notre succès, mais à toute installation durable de notre part à Drury-Lane. J'instruisis du fait notre bienveillant appui, M. le comte d'Orsay. Il fut d'avis qu'il fallait jouer quand même, et il retint toutes les places que les cabaleurs avaient laissées disponibles. Je prévins aussi la police anglaise : elle se déclara incompétente, à moins que pendant la représentation on n'en vînt aux coups. Dans ce cas, elle se proposait de faire indistinctement main basse sur les battants et les battus.

Ces perspectives étaient peu rassurantes. Je réunis nos comédiens : je leur exposai la situation. A l'unanimité il fut décidé que l'on jouerait, et que l'on affronterait la tempête.

Elle éclata, dans la salle, avant même le lever du rideau. Les artistes français eurent la constance de dire leurs rôles, sans en omettre une phrase, au milieu de vociférations, de cris d'animaux et d'injures. Cela dura de sept heures à minuit ! Vers le milieu de la soirée, les cabaleurs, exaspérés par le courage et l'impassibilité de la troupe, parurent vouloir se livrer à des voies de fait. Ils se précipitèrent dans les corridors de la salle, pour, de là, chercher à se ruer sur la scène; mais en chemin ils trouvèrent le club des cuisiniers français : ils avaient le couteau au poing !... Il ne fut plus question d'aller boxer les comédiens...

Quelle représentation ! Nous en ferons, s'il y a lieu, l'objet d'un récit spécial.

La partie était perdue.

A deux heures du matin, au moment où je sortais du théâtre, en me frayant une route à travers une foule hostile, une main chercha la mienne en la serrant énergiquement. C'était Durbety. Son regard sympathique croisa le mien, et ce fut tout. Il se perdit dans le nombre. Je ne le revis plus, ni en Angleterre, ni à Paris où nous retournâmes.

Nous y étions installés depuis un mois environ ;

les choses avaient repris leur cours habituel, lorsqu'un matin, on me remit un billet ainsi conçu :

« En revenant de jouer, j'ai trouvé ma serrure crochetée, mes meubles sens dessus dessous... mes bijoux et tous les objets que j'avais si bien cachés ont été volés... Je suis folle. Venez à mon aide, le plus tôt possible... »

Le billet était de notre amie l'actrice.

J'instruis la maison de l'événement et je cours. Sur le boulevard, je heurte Canler, de la police de sûreté.

— Où allez-vous ainsi ? me demande-t-il.

Je lui fais lire le petit mot que je venais de recevoir.

— Ah ! ah ! dit Canler, où demeure-t-elle ?

— Ici près, rue de Vendôme.

— Il consulta rapidement sa montre : « J'ai le temps ; allons ! »

Nous franchissons vivement la distance. Arrivés à la maison, nous gravissons quatre à quatre l'escalier. Nous voici au dernier étage ; c'est là au bout du corridor... Notre amie était devant sa porte ; enfiévrée, échevelée, elle pérorait et gesticulait au milieu de quelques voisines. Celles-ci essayaient de pénétrer dans l'appartement pour en apprécier les dégâts, mais la dévalisée les maintenait instinctivement à distance.

Le concierge était là.

— C'est étonnant, disait-il, une maison si bien gardée !

— Si mal gardée, au contraire ! En voilà la preuve, s'écria Canler qui arrivait à cet instant, et qui, d'un geste sévère, désignait au concierge la porte fracturée. Le concierge commença une justification, que l'agent de la sûreté arrêta net, puis il renvoya les voisins et les voisines ; au bout d'un moment, le corridor restait libre.

S'approchant de notre amie, Canler lui expliqua en peu de mots qu'il était instruit du vol, et que pour arriver à en découvrir les auteurs, il avait besoin d'examiner la porte et les cachettes. Il jeta en passant un coup d'œil sur la serrure brisée ; il parcourut rapidement l'appartement et revint à la porte d'entrée.

Là, il se courba, il considéra la serrure attentivement, et pendant cette opération, il murmurait entre ses dents : « Joli travail ! il n'y a que ce gueux-là pour opérer aussi proprement... Je n'ai pas besoin de faire une plus longue inspection, dit-il en se relevant. C'est lui. Je le jurerais la tête sur le billot. » — Qui lui ? demandâmes-nous en même temps, notre amie et moi.

— Eh ! parbleu ! Melorbel ! le fameux Melorbel !

Le célèbre, l'illustre Melorbel m'était complétement inconnu.

— Et vous, madame, aviez-vous entendu parler de Melorbel ?

— Hélas ! c'est d'aujourd'hui seulement que j'ai le déplaisir de faire sa connaissance !

Cependant, Canler prenait des notes ; il nous quitta en nous promettant des renseignements pour le surlendemain. La journée fut employée à faire à l'autorité les déclarations usitées.

Le surlendemain, Canler vint à l'heure dite. En m'apercevant, il se mit à rire.

— Oh ! quels naïfs que ces prétendus gens d'esprit ! dit-il ; ah çà, mon cher, vous n'avez donc pas compris que depuis près d'un an, vous étiez filé !

— Filé ? m'écriai-je presque indigné.

— Eh ! oui, observé, surveillé, suivi, si vous aimez mieux. On vous mitonnait jusqu'à ce que vous fussiez à point ! Oh ! oh !

— Canler, ces rires sont indécents !

— Voyons, écoutez-moi, dit Canler redevenu sérieux. On vous avait vu ouvrir un théâtre qui, dès le début, a été lancé, achalandé. On vous a cru un coffre-fort des mieux garnis. Il s'est trouvé qu'il ne se trouvait rien dans ledit coffre-fort, attendu que tout passait en ruineuses dépenses de mise en scène. Commencez-vous à comprendre ?

— Continuez.

— Alors, vous êtes allé tenter la fortune à Londres ; là, fiasco patriotique !

— C'est bon, c'est bon, Canler, passons.

— Ce qui vous concerne s'arrête là. Votre piste ne conduisant à rien de bon, on vous a lâché, et on s'est rejeté sur un autre gibier... pardon, madame, sur vous !

— Comment sur moi ! grand merci de la préférence, dit l'actrice avec colère, mais enfin, comment ce coquin, ce misérable Melorbel a-t-il pu savoir ?...

— C'est un peu votre faute, madame, reprit Canler avec des formes de galanterie.

— Ma faute ?

— Oui, madame, n'avez-vous jamais révélé le secret de vos cachettes, et fait l'énumération de vos richesses ?

— Moi ! dans l'intimité peut-être, et, à moins que l'on ne puisse plus rien dire devant des amis éprouvés...

— Mon Dieu, madame, Melorbel, lui aussi, avait un ami éprouvé qui ne lui cachait rien, et devant qui vous avez commis la fatale imprudence de vous épancher.

— Un ami de ce scélérat... Est-ce que j'ai jamais fréquenté cela ?

— Comment, madame, vous n'avez pas connu Groslenoir ?

— Groslenoir ! où avez-vous la tête, monsieur Canler ?

— Ah ! pardon ; Groslenoir se présentait dans le monde sous le nom de Durbety !

Durbety ! quelle révélation ! La foudre serait tombée à nos pieds que nous n'aurions pas été plus atterrés !... La victime s'était affaissée sur un siége.

Je m'approchai vivement de Canler.

— Il faut mettre la main sur « ce coquin de Durbety. »

— Impossible !

— Vous dites : impossible ?

— Sans doute ; il est mort il y a trois jours.

— Mort ?

— Mon Dieu, oui. Je le regrette. Maintenant que j'ai lu son dossier dans les bureaux, j'aurais eu du plaisir à filer à mon tour le Durbety ; mais il s'est méfié, il s'est arrangé pour m'échapper, à moins cependant que d'autres...

Sans relever pour le moment cette dernière réflexion de Canler, je lui demandai de vouloir bien me faire part de ce qu'il avait appris.

Après s'être assuré que l'actrice était toujours abîmée dans ses tristes pensées, il me dit :

— Vous avez pu remarquer que votre Durbety était un timide, un bienveillant. — Je le reconnais.

— Il avait des façons douces et honnêtes qui captivaient les gens. Vous y avez été pris, vous-même, malin..

— Continuez, Canler.

— On le choisissait donc pour étudier les coups à faire dans les bonnes maisons, et pour indiquer l'heure de la récolte. Cette heure-là ne venait guère dans vos théâtres. On soupçonna Durbety de vous favoriser, et le diable m'emporte, mais mon idée, d'après ce que je sais maintenant, c'est qu'il avait un certain contentement à démontrer à ses associés qu'il n'y avait rien à prendre chez vous, soit à Paris, soit à Londres.

— Vous pourriez bien avoir raison, Canler, dis-je en me rappelant alors certains détails, précédemment racontés. Mais puisque la sûreté était instruite, comment ne m'a-t-on pas prévenu ?

— D'abord, mon cher, il y a eu relâche dans notre service, pour cause de révolution et d'émeutes; ensuite, il est certain que dans aucun cas on ne se serait hâté de vous instruire : vous nous auriez gênés et vous vous seriez tourmenté inutilement : aujourd'hui vous pouvez être en repos. Nous mettrons la main sur Melorbel; quant à Durbety, il n'y a plus à s'en occuper.

Cette allusion à la mort de ce malheureux me remit en mémoire ce que Canler avait insinué touchant sa fin, qui, peut-être, n'était pas naturelle. Je fis part à Canler de cette idée.

— Vous n'êtes pas loin de la vérité, me dit-il. Ce bon Durbety aimait beaucoup sa femme... Un forçat libéré, hideux, mais très-influent dans la bande, entendait s'approprier la belle créature. Durbety était donc gênant comme mari, sans compter que l'on n'avait plus confiance dans un camarade qui se dévouait aux bourgeois qu'on lui livrait en filature. Que vous dirai-je? Durbety ou Groslenoir est mort. Voilà ! cherchez si vous voulez. Pour moi, cela n'en vaut pas la peine...

J'allais continuer ; mais notre amie, intriguée de cette longue conférence, s'approchait de nous, et nous dûmes en rester là.

On me blâmera, si l'on veut ; mais plus d'une fois, je me suis senti, pour ainsi dire, attendri au souvenir de Durbety, ce filou sensible, mort peut-être assassiné.

AUBER

Ses œuvres, chacun les connaît, les nomme, les loue.

Sa vie fut celle d'un épicurien, d'un homme de goût et d'esprit, d'un charmant égoïste, d'un fanatique de Paris.

On sait qu'il y est mort pendant le siége (12 mai 1871). Ses funérailles furent provisoires.

Le service funèbre eut lieu à la Trinité, le 16 juillet de cette même année 1871.

Le mot lugubre de funérailles peint mal la physionomie particulière de la cérémonie. Sans la crainte de commettre quelque impiété, on serait tenté de la comparer à : « une grande première. »

Toilettes claires ; regards cherchant avec empressement et mondanité les personnes de connaissance ; saluts de la main échangés à distance ; feu croisé des lorgnettes ; artistes du chant et de la danse curieusement accoudées aux galeries supérieures ; jusqu'au soleil éclatant, — comme un éclairage *à giorno*, — tout contribuait à faire illusion.

Eh bien ! si, par delà la vie, on sourit encore, il est permis de penser que le mort illustre déposé sous le catafalque solennel, au milieu des trépieds d'argent, et dans la lueur fantastique des flammes vertes, — eut un tressaillement sympathique, en présence de ces élégances, de ces illustrations accourues comme à une réunion du printemps. Il dut leur pardonner d'être moins émues, moins accablées de douleur, autour de son cercueil, qu'heureuses de revoir le vrai Paris vivant et se comptant, ainsi qu'il le fit alors, après dix mois de deuil et d'angoisses.

Aimable et harmonieux jusque dans la mort, Auber servit, par ses funérailles, de trait d'union entre les deuils passés et les espérances de l'avenir.

Et puis, on savait qu'il ne laissait après soi ni famille éplorée, ni deuils déchirants, ni misères, ni détresses. Comme l'a dit un des plus éloquents orateurs de cette cérémonie, « c'est qu'il ne voulait revivre éternellement que dans la descendance qui ne peut pas périr, dans les œuvres de son esprit; et voilà pourquoi les enfants qu'il nous laisse, au lieu de pleurer et de gémir ici comme des enfants ordinaires, chantaient tout à l'heure sur sa tombe. »

On regrettait donc Auber avec une amertume mêlée de douceur. C'était un ami absent. Il ne semblait point qu'il fût mort, mais simplement parti.

Sept discours furent prononcés au cimetière Montmartre. Il y en avait cinq de trop. Le défunt, qui n'aimait point les longueurs a, sans doute, tenu compte des intentions.

Quelques années plus tard, on songea à décerner à la mémoire d'Auber les honneurs funèbres qu'il n'avait pas été possible de lui rendre pendant le siége.

On fit élever au Père-Lachaise une tombe entourée d'une balustrade en cuivre, soutenue par des colonnes également en cuivre; à la tête un chapiteau en pierre, terminé par une pyramide en marbre noir.

En haut de cette pyramide, une étoile d'or, au-dessous de laquelle on lit le nom d'Auber, la date de sa naissance (Caen, 29 janvier 1782), et celle de sa mort. Au-dessous, sur une console, le buste d'Auber, en marbre blanc. Ce buste est une copie de celui de Dantan qui se trouve au Conservatoire.

Comme attributs, sculptées dans la pierre, une lyre et une couronne entrelacées de feuilles de laurier. Sur les deux façades de droite et de gauche de la pyramide, la longue nomenclature des œuvres du maître.

La tombe est placée dans la grande allée qui fait face à l'entrée du cimetière du Père-Lachaise, à côté du tombeau de la famille Baroche, ayant en face le grand monument élevé aux généraux Clément Thomas et Lecomte, à deux pas de Rossini et d'Alfred de Musset.

La cérémonie d'inauguration du monument eut lieu le 29 janvier 1877, avec chants, chœurs et musique militaire dans l'intérieur du Père-Lachaise.

Si j'avais eu voix délibérative dans le conseil où l'on régla la mise en scène de cette cérémonie, je déclare que je ne me serais point montré favorable au programme qui fut adopté et exécuté.

J'aurais divisé la cérémonie en deux parties distinctes : l'une purement artistique, l'autre exclusivement funéraire. On a confondu les deux éléments, et j'estime que l'on a eu tort !

Qu'ont de commun, avec les silences solennels d'un cimetière, les bruits d'instruments, les fanfares et les voix humaines aux sons mélodieux ? La triste mélopée religieuse pour les ministres et serviteurs du culte, et puis quelques suprêmes paroles d'un parent, d'un ami ou d'un disciple en sanglots, voilà les seuls bruits qui convenaient au champ des morts.

Il eût donc été bien, selon moi, de garder, pour la première partie de la cérémonie, les morceaux de musique, les chœurs, et même, contrairement à l'usage, les discours officiels et artistiques, par la raison qu'ils devaient avoir, forcément, un aspect plus académique encore que mortuaire, à l'inverse de ce qui a lieu au lendemain d'un décès.

Pour cette première partie, ce n'est point le Père-Lachaise que j'eusse proposé, c'est la grande cour du Conservatoire.

Elle eût été assez grande pour contenir « les invités, » sans compter que l'on aurait pu utiliser les nombreuses fenêtres qui donnent sur cette cour. Dans un endroit d'honneur, on aurait placé le buste d'Auber. Peut-être même eût-il été bon de disposer un *fac-simile*, en peinture, du monument du Père-Lachaise, et alors aurait commencé la cérémonie artistique, devant un public attentif, pouvant entendre les paroles des orateurs, paroles qu'il est toujours si difficile de recueillir en plein air.

De la sorte, cette fête commémorative aurait été complète, et elle se fût trouvée à sa place, dans cette maison, si longtemps le domaine d'Auber.

J'ai prononcé le mot : *fête*. Ce n'est point un blasphème. La foule d'invités et de curieux qui, par un beau soleil, se pressait dans les allées, sur le gazon, et parfois même sur les tombes du Père-Lachaise, était-elle en grand deuil d'Auber? Non ; on saluait son génie, on oubliait sa dépouille terrestre. C'était la fête de sa gloire.

Eh bien ! le cimetière n'est fait pour aucune fête, excepté celle de la mort.

Voilà pourquoi j'aurais complété la première cérémonie de la grande cour du Conservatoire par le dispositif suivant :

Après les musiques et les discours, toute l'assemblée se serait mise en marche vers le Père-Lachaise en passant par les boulevards, ce qui aurait fait dire : « Ceci est le grand cortége artistique d'Auber. On lui rend aujourd'hui l'hommage public et national que les tristes événements politiques n'ont pas permis de lui rendre, lorsqu'il est mort, il y a quelques années. » Et tout le monde se serait incliné, comme si le corbillard lui-même, avec sa charge funéraire, eût été présent.

Parvenu au Père-Lachaise, le cortége aurait silencieusement entouré le monument. La religion aurait donné ses bénédictions à celui qui n'est plus, ainsi qu'à ceux qui sont encore, et le seul détail de mise en scène accessoire que j'eusse compris alors, eût été l'offrande de la couronne d'immortelles, achetée par les élèves du Conservatoire, en l'honneur de leur illustre et vénéré maître.

Marc Bayeux ne goûta nullement cette idée. Elle lui inspira la boutade poétique suivante :

Pour la première fois, Hostein, mon camarade,
Nous sommes loin, bien loin, de nous trouver d'accord.
Que voulez-vous ? Il vente ! Il pleut ! Je suis malade.
Et vous entreprenez de m'arranger la mort !

Elle est proche pour moi, je le crains, la camarde.
Je le crains, c'est façon de parler. Je ne veux
Pas vous rééditer les phrases qu'on hasarde
Sur : Celui qui meurt jeune est bien aimé des Dieux...

Moi j'ai vécu. Je sais ce que disent les choses
Qui, d'après mons Virgile, ont des pleurs quelquefois.
Je comprends les soleils rieurs des matins roses,
Et le rouge couchant aux profondeurs des bois...

Voici déjà six ans, après les hécatombes.
Je marchais en Lorraine, au milieu des débris,
Et je m'ébahissais à voir que, sur les tombes,
La nature avait mis de grands gazons fleuris.

Nos soldats étaient morts. Leur bravoure fauchée
Ne laissait qu'un désert tout rempli d'ossements.
La nature, sur eux, mettait une jonchée
De gazons émaillés et de buissons charmants.

Le vent, qui passait là, disait une musique
Qui caressait l'ouïe à ces morts étendus.
Elle leur redisait la fanfare héroïque
De ces grands régiments qu'elle avait entendus...

Auber eut un talent facile. Son génie
N'allait point aux grands coups. Il a vécu cent ans
Presque ; et toujours heureux : il eut la mélodie
Qui caressait l'esprit par des refrains chantants.

Jeune, il connut les temps des grandes épopées.
Il avait ses trente ans à la Bérésina.
Sa musique n'eut pas de grincements d'épées ;
Il laissa sangloter la France, — et ne daigna...

Eh bien, mon cher Hostein, d'où vous vient cette idée
De le faire enterrer dans le fond d'une cour,
Avec mille pudeurs de fille mal gardée ?
Auber, vivant, aurait pris cela pour un four...

Il aurait dit : Va-t'en au diable ! Et qu'on me mène
Promptement, au milieu des cyprès toujours verts,
Sur ce mont d'ossements, cette colline humaine,
Où dorment tant de gens, auteurs de mauvais vers.

GEORGE SAND

Il ne faut pas oublier que le 10 juin 1876, M. Ernest Dréolle eut l'honneur de la proposition suivante, adressée par lui le premier à la Chambre :

« Il est ouvert au ministre de l'instruction publique (direction des beaux-arts) un crédit extraordinaire de 25,000 francs pour la mise au concours et l'exécution d'une statue de George Sand qui sera placée au palais de Versailles. »

Après M. Ernest Dréolle, M. Henri de Lacretelle déposa sur le bureau de la Chambre une proposition ainsi conçue :

Art. 1er. — La statue de George Sand sera élevée, aux frais du gouvernement de la République, dans le jardin du Luxembourg.

Art. 2. — Un crédit de 50,000 francs est ouvert à cette occasion au ministre des beaux-arts.

« La France, la démocratie, l'esprit humain, la littérature française, disait M. H. de Lacretelle, viennent de perdre une de leurs plus glorieuses personnifications.

« Jamais la passion de la justice, jamais l'amour des faibles ne s'étaient incarnés d'une manière aussi soutenue, aussi éclatante dans une femme. Mme Sand a traversé son siècle dans un rayon de génie qui ne s'éteindra pas… La France républicaine doit un hommage à un esprit précurseur de la République, et j'espère que ses représentants ne refuseront pas l'obole de l'admiration à celle qui a su élever le cœur des générations. Je demande l'urgence, car il me semble que l'heure où la tombe vient de se fermer sur une dépouille mortelle et où une âme est partie pour l'immortalité, est en même temps celle où l'expression de l'admiration nationale doit sortir, pour ainsi dire, du sol même de la France. »

Les deux propositions furent écartées....

Voici la liste exacte des œuvres dramatiques de George Sand, représentées à Paris :

1840.	29 avril.	*Cosima*, drame 5 actes..........	Théâtre-Français.
1849.	25 nov..	*François le Champi*, com. 3 act.	Odéon.
1850.	20 avril.	*La petite Fadette*, com.-vaud. 2 act., avec Anicet Bourgeois et Ch. Lafont................	Variétés.
1851.	11 janv.	*Claudie*, dr. 3 act.............	Porte-St-Martin.
1851.	10 mai.	*Molière*, dr. 4 act.............	Gaîté.
1851.	26 nov..	*Le Mariage de Victorine*, com. 3 act........................	Gymnase.
1852.	3 mars.	*Les Vacances de Pandolphe*, com. 3 act........................	Gymnase.
1852.	1er sept.	*Le Démon du Foyer*, com. 2 act.	Gymnase.
1853.	13 sept.	*Le Pressoir*, dr. 3 act..........	Gymnase.
1853.	28 nov..	*Mauprat*, dr. 5 act............	Odéon.
1854.	31 oct..	*Flaminio*, com. 3 act..........	Gymnase.
1856.	15 fév..	*Lucie*, com. 1 act.............	Gymnase.
1856.	3 avril.	*Françoise*, com. 4 act.........	Gymnase.
1856.	12 avril.	*Comme il vous plaira*, com. 3 act. (tr. de Shakspeare)..........	Théâtre-Français.
1859.	23 avril.	*Marguerite de Sainte-Gemme*, com. 3 act...................	Gymnase.
1862.	18 mars.	*Le Pavé*, com. 1 act...........	Gymnase dramat.
1862.	26 avril.	*Les beaux Messieurs de Bois-Doré*, dr. 5 act., avec Paul Meurice..	Ambigu Comique.
1864.	29 févr..	*Le Marquis de Villemer*, com. 4 act........................	Odéon.
1864.	28 sept..	*Le Drac*, dr.-fantast. 3 act., avec Paul Meurice................	Vaudeville.
1866.	12 août.	*Le Don Juan de Village*, com. 3 act., avec Maurice Sand.....	Vaudeville.
1866.	14 août.	*Le Lys du Japon*, com. 1 act....	Vaudeville.
1868.	3 oct...	*Cadio*, dr. 5 act., avec Paul Meurice........................	Porte-St-Martin.
1870.	25 févr..	*L'Autre*, com. 4 actes..........	Odéon.

Molière, qui, dans le tableau précédent, figure à

la septième ligne, est une comédie reçue et montée sous ma direction à la Gaîté.

Bocage jouait le rôle principal : il prétendit que son désaccord avec l'Empire avait suscité une cabale sous l'effort de laquelle la pièce ne pouvait que succomber. La vérité est que Bocage donnait à Molière une physionomie mortellement ennuyeuse. En revanche, Lacressonnière et sa femme se montrèrent excellents dans cette pièce, qui contient de grands mérites restés à peu près inconnus.

Au point de vue plastique, on avait réglé un déjeuner sur l'herbe, au bord d'une fontaine. Les détails de ce déjeuner furent assez réussis pour avoir été identiquement reproduits, peu de temps après, au Gymnase.

PHILARÈTE CHASLES

Il y a quelques années, une vieille dame riche, instruite, ayant de belles et grandes manières, voyageait en Italie pour sa santé. Elle fit la rencontre d'un de nos compatriotes, du même âge qu'elle, aimable et spirituel comme elle. Ils suivaient la même route. La conversation s'établit promptement entre eux. Notre compatriote était un de ces causeurs dont Villemot a tracé le portrait, qui savent aborder tous les sujets, les traiter sur le ton qui leur appartient, être concis sans sécheresse, léger sans mauvais goût, se dérobant quand le terrain devient scabreux, résumant dans un mot à la fois ingénieux et profond un fait ou une situation, parlant cette langue à demi voilée que nous ont léguée les beaux esprits des deux derniers siècles, glissant sur les surfaces, franchissant avec grâce les obstacles, s'ignorant ou s'oubliant, esprit souple, mordant et délicat, parcourant tous les claviers et broyant volontiers son génie pour le faire étinceler en poussière de diamant.

A de tels causeurs, il faut des écouteurs exceptionnels. Écouter, c'est la plupart du temps se taire, en pensant à autre chose, à moins que l'on ne pense à rien ; *savoir* écouter est tout différent. La vieille dame savait écouter. Elle prit un vif plaisir à cette rencontre. Le voyage lui parut délicieux : elle était arrivée, qu'elle se croyait pour ainsi dire encore au point de départ.

Quelque temps après, elle eut une seconde occasion de faire route avec son spirituel partenaire. La santé de la vieille dame avait subitement décliné ; cependant ce fut elle qui parla longuement cette fois. Elle raconta ses voyages, les visites qu'elle se plaisait à rendre chaque année à diverses propriétés qu'elle possédait en Autriche et en Italie ; elle s'étendit complaisamment sur le charme d'une résidence préférée, à Venise. L'habitation n'était ni spacieuse, ni bien riche ; mais elle se trouvait si bien située, elle avait tant de coquetterie et de grâces ! un artiste, un écrivain et un philosophe n'auraient pu mieux choisir. Elle craignait, ajouta-t-elle en soupirant, de n'avoir, pour son compte, qu'à lui dire un dernier adieu.

Notre compatriote consola la dame malade. Se maintenant dans l'ordre d'idées qui paraissait lui plaire, il fit de Venise un ravissant tableau ; il multiplia les souvenirs pittoresques et historiques, les observations fantaisistes et ingénieuses... Bref, il redoubla, dans sa causerie, de pétulance, de pétillement, enfin d'aimable emportement de bonne grâce. La vieille dame était enchantée... A l'issue de la première rencontre, elle avait demandé le nom de son compagnon de voyage. Il s'était empressé de remettre une carte, sur laquelle on lisait : « Philarète Chasles, à l'Institut. »

A la suite de ce que nous venons de dire, il était rentré à Paris, et s'occupait à préparer un de ces cours « qu'en réalité il ne préparait jamais, mais qu'il se disposait toujours à préparer, » a dit spirituellement M. Élie Frébault dans ses amusantes notes biographiques. Un domestique apporta à M. Philarète Chasles une lettre avec un cachet noir. On lui mandait que Mme X... avec qui il avait voyagé, et dont sa conversation avait adouci les souffrances, venait de mourir, en lui laissant, en toute propriété, son habitation de Venise. Elle priait le charmant causeur de vouloir bien accepter ce souvenir qui lui donnerait l'occasion motivée de visiter annuellement la contrée si bien décrite par lui.

Voilà comment il se fait que dans le mois de juillet 1872, Philarète Chasles se trouva à Venise. Il y était arrivé plein de santé, que dis-je? « enthousiaste de la vie. » Il occupait l'habitation de la vieille dame; sa joie de propriétaire eût été complète, s'il ne s'y fût mêlé une tristesse au souvenir de celle dont il était devenu l'héritier.

Au retour d'une promenade en gondole, le choléra emportait Philarète Chasles en quelques heures.

Vers la fin du mois de juin précédent et peu de jours avant son départ pour l'Italie, il assistait dans une loge à l'une des représentations de l'*Oubliée*, en compagnie de l'un des personnages diplomatiques de ce temps-ci. Ce personnage est aussi un lettré, un érudit de premier ordre. Il a imaginé et coordonné les éléments d'une belle pièce grecque pour laquelle Philarète Chasles devait être son collaborateur. Ce fait justifie le passage où Élie Frébault dit : « Une chose que nul ne sait ici, c'est que Philarète Chasles *a voulu faire* du théâtre. »

Élie Frébault raconte plaisamment comment le grave et savant conservateur de la Bibliothèque

Mazarine méditait avec lui un drame lapon « aussi froid que l'appartement de l'Institut. » La vérité est que Philarète Chasles s'était, en effet, toujours préoccupé de devenir auteur dramatique, depuis l'époque où il avait été nommé membre du comité de lecture d'une scène subventionnée. Cette nomination, faite en vertu d'une décision ministérielle, attribua pendant quelques années, à Philarète Chasles, un mandat pour lequel il était absolument impropre, malgré ses immenses facultés de judiciaire et d'imagination, et peut-être à cause de ces qualités mêmes. Elles le mettaient au-dessus ou à côté du niveau réel des choses de la scène.

Les pièces qu'il était chargé d'écouter ne répondaient jamais à son idéal, sans compter que cet idéal se déplaçait et se renouvelait fréquemment durant une séance, si bien que, la lecture achevée, Philarète Chasles concluait que la pièce ne lui avait pas plu, et, au besoin, il aurait substitué non pas un, mais plusieurs sujets à celui qu'il venait d'entendre.

Je tiens ces détails de lui-même, ayant eu, comme Élie Frébault, l'honneur de servir autrefois de secrétaire à Philarète Chasles, l'homme du monde qui a compté le plus de secrétaires. Élie Frébault a été favorisé : il n'est venu qu'aux bons moments, ceux de l'Institut. Là, Philarète Chasles occupait un bel appartement ; glacial, il est vrai, mais on y dînait, bien et souvent, puisque Frébault constate que j'ai manqué nombre d'invitations, ce que je déplore, sans même invoquer pour ma défense la circonstance atténuante du « drame lapon » dont je devais être régalé au dessert.

De notre temps, je parle de l'époque à laquelle Bichebois et moi, nous faisions l'office de secrétaires auprès de Philarète Chasles, il n'était pas question d'appartement, mais simplement d'une mansarde située dans une maison de la place Bellechasse. Bichebois croyait savoir un peu d'allemand, je me persuadais que j'en possédais autant que lui, et par suite de cette double illusion, nous accomplissions je ne sais quel travail préparatoire, et probablement sans utilisation possible, sur les œuvres de Jean-Paul-Frédéric Richter, et plus particulièrement sur *Titan*. Je ne rappelle ce souvenir tout personnel que parce que la préface de *Titan*, écrite il y a de longues années, offre, avec les événements d'aujourd'hui, un rapport d'actualité des plus saisissants.

« Vous ne vous contentez pas de vivre, disait éloquemment Philarète Chasles, vous qui pensez, vous qui aimez, vous autour de qui les flots de la société ne bourdonnent pas avec un vain bruit; vous qui demandez le sens et le but de cette civilisation qui nous environne, à quoi elle aboutira, comment se résoudra son problème, quel avenir de naufrage ou de suicide ou de glorification lui est réservé, — vous lirez *Titan* avec un intérêt puissant...

« Comment doit finir cette civilisation qui exagère la puissance intellectuelle et la puissance industrielle aux dépens de la vie de l'âme ; — toute factice, toute théâtrale, s'enivrant de jouissance, altérée de savoir, se brûlant de plaisirs, — cherchant partout des voluptés nouvelles, creusant tous les mystères de la nature sans pouvoir pénétrer les causes premières, les secrets de Dieu...

« Quel sera le sort de ces générations supersaturées de romans, de drames, de journaux, de science, d'ambition ? En augmentant la somme de ses désirs, augmentera-t-elle la somme de son bonheur ? N'ira-t-elle pas accroître démesurément sa capacité de souffrance ? Ne sera-ce pas là le géant qui escalade le ciel et qui meurt écrasé, TITAN ?... »

A l'époque où Philarète Chasles écrivait ce qui précède, son imagination subissait l'influence des ouvrages soit anglais, soit allemands, dont il faisait l'analyse ou la traduction pour les *Débats* et la *Revue britannique*.

Dans sa manière d'alors régnait une sorte de mysticisme et de philosophie contemplative qui n'excluait pas, bien entendu, le trait railleur et « le pétillement » sardonique.

Plus tard, lorsque son ancien secrétaire, devenu

directeur de théâtre, reçut, en cette qualité, la visite de l'illustre maître, il le trouva plus précis, plus positif, quoique non moins spirituel et érudit cosmopolite. Il avait des idées de pièces très-supérieures au fameux drame Iapon destiné à exciter la verve comique d'Élie Frébault. Je me souviens que Philarète Chasles vint me parler d'une *Cléopâtre* dont il me promettait prochainement le plan. Cela me fit frémir.

Sous ce redoutable sujet de *Cléopâtre*, treize tragédies avaient succombé : celle de Jodelle, en 1552 ; de Robert Garnier, 1578 ; de Nicolas de Montreuil, 1594 ; Mairet, 1630 ; Bensérade, 1635 ; La Thorillière, 1667 ; Jean de la Chapelle, 1681 ; Boitel, 1741 ; Marmontel, 1750 ; Gamon, 1778 ; Lacoste, 1791 ; Mourgues, 1803, et Soumet, 1814. Je redoutais un sort semblable pour la *Cléopâtre* de Philarète Chasles, et je le lui fis comprendre en termes discrets. Il sourit et me répondit simplement : « Vous me reverrez la semaine prochaine. » Il vint deux ans après.

Dans l'intervalle, la Comédie-Française fit représenter une *Cléopâtre*, de Mme Émile de Girardin, qui, à force de passion, d'éloquence, d'invention, de poésie, de beau style, et aussi de tact, de prudence et d'adresse, parvint à rendre triomphant un sujet jusqu'alors malencontreux. Mais aussi que Rachel était belle ! quelle majesté ! quel type royal !

On aurait pu penser que ce grand succès de Mme Émile de Girardin et de Rachel, devait faire renoncer Philarète Chasles à sa *Cléopâtre*. Nullement. Lorsqu'enfin j'eus occasion de le revoir, il me cria du plus loin qu'il m'aperçut : « Je vous apporte ma *Cléopâtre!* — Mais celle de la Comédie-Française? répondis-je. — Bon, bon, je la complète ; vous allez en juger. »

Ce que m'apportait mon spirituel maître et ami, ce n'était ni une pièce, ni même un plan *écrit*. C'était un récit, une improvisation, où, à l'imitation de Shakespeare et avec une verve étincelante, il fit passer sous mes yeux cette histoire, « nomade comme la tente, rapide comme le vaisseau, fantasque comme le caprice d'une femme qui va et vient d'Asie en Europe, de la galère voluptueuse du Cydnus à la trirème armée en guerre d'Actium ; des orgies nocturnes d'Alexandre aux tumultes sanglants du camp d'Octave, du palais en débauche de Cléopâtre au tombeau des Ptolémées. » Le récit était très-beau, très-grandiose, et le drame que Philarète Chasles aurait pu dégager des excentricités, des rires et des larmes de ces gigantesques et royales folies d'Orient, eût été incomparable. Nous nous livrâmes tous les deux, pendant quelques heures, à un enthousiasme qui finit par ne plus connaître de bornes. Il va sans dire que la pièce ne fut jamais commencée.

Dans les divers théâtres à la tête desquels le sort m'a jeté depuis, j'ai toujours — dès mon arrivée — reçu la visite de Philarète Chasles. Il venait très-affectueusement me donner la bienvenue; puis il me rappelait son intention de travailler pour le théâtre où j'entrais. Ah ! si l'on avait pu faire représenter des *intentions*, quel merveilleux répertoire à mettre à l'actif littéraire et dramatique de mon cher maître !

En dernier lieu, il avait donc engagé une collaboration, mais à l'état de simple projet, avec le diplomate que j'ai indiqué, en respectant l'anonyme sous lequel il désire se voiler. Philarète Chasles renonça à cette idée en assistant à la représentation de *l'Oubliée*. Une sorte de tragédie en prose ne lui parut pas à sa place sur la scène où se passaient « les choses » de notre ami Touroude. L'esprit de Philarète Chasles fit prestement une de ces évolutions qui lui étaient familières. Il sortit en imaginant une pièce dont il me communiquait les intentions sommaires, dès le lendemain matin, dans le billet suivant :

« Mon vieil ami, vous avez deux grands artistes... Marie Laurent se développant dans un rôle pathétique moderne, que je tiens, serait une sublimité. Je la voudrais petite bourgeoise et ensuite grande dame sous le dernier Empire, et je voudrais en face d'elle une petite rusée aristocratique et de très-grandes manières d'autrefois, — et ce sympathique Dumaine au milieu.

« Je voudrais, dans le petit salon de votre scène, des types tels que Mirès, Morny, etc., en y comprenant Ollivier... »

Peu de temps après, Philarète Chasles s'éteignait brusquement.

Dans ses promenades en gondole — où il devait finir par respirer les animalcules invisibles et funestes qui portent en nous l'intoxication cholérique — a-t-il un seul moment pensé à ce rôle où Mme Marie Laurent aurait été « une sublimité ? » ce qui n'est point douteux ; mais, à supposer qu'il eût exceptionnellement dérogé à ses habitudes d'oubli instantané des idées et des sujets de théâtre pour lesquels il venait de se passionner, il resterait encore à se demander quel personnage il aurait définitivement destiné à Dumaine dans la galerie ci-dessus. En lui donnant celui de Mirès, il se serait exposé à ne pas obtenir une ressemblance frappante.

CAMILLE DOUCET

Je m'arrête avec plaisir devant cette physionomie aimable, fine, souriante, où la bienveillance rayonne et où l'esprit pétille...

Le hasard avait fait entrer Camille Doucet dans l'administration des théâtres un peu après 1848, vers l'époque où la mort de M. Cavé et la mutation des fonctions de MM. Louis Perrot et Lassabatthie laissaient cette section importante du ministère de l'intérieur sans traditions et sans chefs.

Les aptitudes variées et les connaissances spéciales de M. Camille Doucet le firent sur-le-champ remarquer.

Lorsque l'Empire détacha les théâtres du ministère de l'intérieur, auquel ils ressortissaient, pour les attribuer au ministère d'État, de formation nouvelle, M. Camille Doucet obtint, d'emblée, la position importante de chef de la division théâtrale.

Le temps écoulé a fait oublier le concert d'éloges qui s'éleva alors, au sujet de la facilité avec laquelle on pouvait aborder le nouvel administrateur, et de sa bienveillance à écouter les demandes ainsi que les raisons qu'on avait à faire valoir. Cela a pu sembler tout naturel depuis, et ne pas justifier un si grand enthousiasme. Mais il faut se reporter en 1848, et se rappeler que jusqu'à cette époque, le directeur des beaux-arts avait été un véritable potentat qu'on ne pouvait approcher. Ces procédés orientaux laissaient bien souvent en souffrance des intérêts légitimes pour lesquels (surtout en fait de théâtres où l'imprévu abonde) il faut une solution immédiate.

M. Camille Doucet rompait donc avec les traditions altières de ses prédécesseurs. Il était accessible à tout le monde, et à toute heure. Il écoutait attentivement, promettait et tenait. Pendant plus de vingt années, il a été fidèle à cette devise qui devrait être celle de chaque fonctionnaire public.

On est tellement habitué, en France, à l'insolence bureaucratique, que l'aménité constante de M. Camille Doucet, ses formes inusitées d'homme bien élevé, tournèrent plus d'une fois contre lui. La bienveillance extrême avec laquelle il accueillait toute requête était considérée par le demandeur comme un premier engagement, et le plus souvent, comme une obligation formelle d'accorder ultérieurement. Alors, ceux dont M. Doucet n'avait pu satisfaire par lui-même ou faire réussir indirectement les sollicitations, étaient enclins à lui imputer à crime une politesse sous laquelle leur insuccès se plaisait à trouver une sorte de tromperie, ou tout au moins d'eau bénite de cour. C'était à le dégoûter d'être bon! Il resta incorrigible.

Auteur lui-même, M. Camille Doucet a constamment pris à tâche de seconder et d'honorer la corporation des auteurs. C'est lui qui fit consacrer et qui maintint opiniâtrément l'usage de les comprendre pour un certain nombre de nominations dans les répartitions honorifiques annuelles du 15 août. Ce qu'il se créait gratuitement d'ennuis et

d'ennemis à cette occasion, passe toute croyance !
S'il lui arrivait jamais d'être dans la nécessité de se
montrer vindicatif, que de révélations curieuses il
pourrait faire !

Le souvenir de sa coopération administrative
restera attaché à plus d'une mesure libérale. Si on
l'avait écouté, le répertoire de Victor Hugo n'aurait
jamais été proscrit de la scène française. — Il a usé
de toute son influence auprès de M. de Walewski
pour que la législation relative à la propriété littéraire et artistique fût révisée dans le sens le plus
libéral, et en même temps le plus profitable aux
ayants droit.

Et le fameux décret de 1864 en faveur de l'industrie des théâtres, l'a-t-il assez préparé, défendu,
soutenu, en dépit de l'opposition de ses collègues !
Ils lui reprochaient de se dessaisir de ses droits et
d'amoindrir volontairement son propre apanage !

Il tint bon, car l'expérience lui avait démontré
les abus qui se cachaient, trop souvent, sous la question des priviléges. Il n'ignorait pas que les hauts
fonctionnaires étaient accusés d'en trafiquer, et
voilà pourquoi son honnêteté, d'accord avec ses
autres convictions sur le mérite et l'opportunité de
la mesure à prendre, fit de lui l'avocat zélé et per-
sévérant de la liberté théâtrale.

En 1866, il se présente à l'Académie française ;
quelle émotion ! Et cependant que de raisons d'a-

voir confiance en soi-même... et dans les autres ! Le sol était ferme ; les appuis, non moins que les titres, ne manquaient au candidat. Il fut reçu.

Depuis qu'il est de l'Académie, il se trouve dans une harmonie si parfaite de mœurs, d'idées, de langage, de manières, d'esprit et d'urbanité, avec la *Société éminente*, comme on l'appelait autrefois, qu'on s'étonnerait à bon droit qu'il n'en fît point partie.

Les discours qu'il y a prononcés deviendraient des preuves s'il était besoin d'un supplément de justification littéraire. Que d'esprit, que de tact, par exemple, dans sa réponse à Jules Janin ! Fond net, substantiel, vigoureux ; forme légère, piquante, d'une charmante humeur. Le plus pur atticisme et les meilleures grâces académiques.

« Les grâces académiques ! » Ah ! voilà une expression qui a le don de faire sourire, puis rugir, les francs, les sincères, les farouches !

Pour Dieu, ne soyons point de l'*académie du ruisseau !* En vérité, on doit se féliciter plus que jamais qu'il existe quelque part un asile où se conserve le culte des hautes lettres uni aux traditions de la société polie.

Dans cette mémorable réception de Jules Janin, Camille Doucet ne craignit point d'adresser un hommage direct au régime qu'il avait servi.

Une autre fois, parut dans un journal un

article où le rédacteur, après avoir constaté la présence d'un grand nombre d'artistes à l'un des services religieux célébrés pour le repos de l'âme de Napoléon, — ajoutait ce qui suit :

« Les artistes et auteurs dramatiques se sont souvenus que sous le dernier règne, leurs vœux et leurs réclamations étaient accueillis avec bonté, avec empressement, avec le désir d'être favorable. Protection hautement avouée dans toutes les circonstances; présence du souverain aux solennités dramatiques, dans le but de favoriser l'art théâtral par l'autorité d'un auguste exemple; enfin bienveillance, encouragements, libéralités, justice... voilà ce que la profession théâtrale avait recueilli sous l'Empire.

« Il n'est donc pas étonnant qu'un grand nombre de ceux qui honorent cette profession sentent se réveiller vivement en eux, à l'occasion des anniversaires de la mort de l'empereur, la reconnaissance de ses bienfaits, et qu'ils témoignent leurs regrets sans ostentation ni prétention politiques, mais avec la mémoire du cœur et avec la réciprocité des sympathies que l'illustre défunt avait toujours montrées aux artistes grands ou petits... »

Cette note toucha Camille Doucet. Il écrivit aussitôt au journaliste... « Je n'ai pas qualité pour vous remercier officiellement de votre article plein de cœur; mais j'ai appartenu trop longtemps à l'administration Impériale pour n'être pas heureux et fier de voir ses intentions si dignement appréciées.

« Il ne nous a pas toujours été donné de pouvoir réaliser le bien que nous rêvions ; mais ce bien, vous avez raison de dire que nous avons toujours tenté de le faire.

« Nous n'étions, en cela, que les fidèles serviteurs de celui qui n'est plus. C'est en son nom que nous aurions voulu mieux faire encore, et j'ose presque vous remercier en son nom de vous en être souvenu... *Camille Doucet.* »

De telles paroles n'ont pas besoin de commentaire.

V. SARDOU

spirite.

Une intéressante physionomie que celle de Sardou ! J'ai eu la bonne fortune de l'observer de près pendant nos séances de l'année... Je ne préciserai point le millésime, afin de ne pas trop nous vieillir l'un et l'autre. Nous nous réunissions à l'effet, lui, de me faire une pièce, moi, de la jouer.

Nous devons confesser qu'il fut alors bien peu question de théâtre entre nous. Le hasard jeta, dès le début, la conversation sur le terrain du spiritisme, et il fut impossible d'en sortir. On n'ignore point que Sardou était, et est peut-être encore un des adeptes les plus fervents de la religion spirite. Si je n'ai point gagné, à ces conversations, un bon et fructueux manuscrit, comme il arrive à Sardou d'en doter les directeurs de théâtre, j'ai dû, par compensation, de bien agréables heures à mon interlocuteur, vif, spirituel et convaincu.

Je tâchais de lui tenir tête. Je lui opposais des bribes d'anatomie et de théodicée : j'admirais le côté rêveur et l'induction métaphysique du spiritisme ; mais je refusais d'admettre, à l'état de dogme, la vapeur animée et mystique des sphères intermédiaires.

Sardou me combattait avec des faits.

Il m'en cita un, alors tout récent, qui fit sur moi une vive impression.

Sardou était membre d'un cercle de spirites composé d'hommes intelligents, instruits, appartenant au meilleur monde. Leur foi était sincère. Leurs séances avaient un caractère absolument sérieux. Ils ne seraient point venus perdre leur temps au jeu (indigne d'eux) d'une mystification réciproque.

Un soir qu'ils étaient réunis — les mains se touchant, suivant la formule — la table annonça qu'une âme demandait à se mettre en communication avec le cercle.

On fit entrer l'âme.

Elle déclara qu'elle se trouvait fort en peine, attendu que le corps, complété par elle il y a plus de cent ans, était celui d'un nommé *Thomas* (je prends ce nom au hasard, ne me rappelant pas le vrai), et que ce Thomas, personnage riche, honoré de la dignité de maire, et très-considéré de son vivant, n'avait été, en réalité, qu'un mauvais homme, spoliateur de parents ruinés par son fait.

On demanda à l'âme où s'était passé l'incident.

— Dans la commune de Z..., répondit-elle.

On prit des notes; on invita l'âme à dire ce que l'on avait à faire en faveur de ce Thomas, qui, toutefois, attendait bien longtemps pour se repentir. — « Il faut prier pour lui, et savoir s'il reste des héritiers à qui réparation puisse être faite. » — Sur ce, l'âme se tut, et la séance s'arrêta.

Les membres du cercle s'interrogèrent pour savoir si l'un d'eux avait eu antérieurement une connaissance quelconque de ce qui concernait, soit le Thomas, soit sa commune. Jamais personne n'avait entendu parler ni de l'un, ni de l'autre; chacun l'affirma sur l'honneur et par écrit.

On nomma une commission, chargée d'écrire officiellement au maire fonctionnant dans la commune en question.

Non moins officiellement, il répondit, par une première lettre, qu'il ne comprenait absolument rien à ce qui était réclamé de lui, et par une seconde qu'après bien des recherches il était parvenu à constater l'existence d'un nommé Thomas, lequel avait, en effet, été maire de la commune de Z... à l'époque indiquée. Au surplus, on ne lui connaissait point de parents dans la contrée. S'il en existait autre part, on n'avait pu le savoir. La déclaration était dûment certifiée et légalisée.

Ainsi, voilà des hommes de toute sincérité, de toute notoriété qui, sans renseignement préalable, sans aucun lien avec un passé et avec un nom déterminés, se trouvent instruits, — par l'intermédiaire d'une table — d'un nom, d'une fonction et d'une localité rigoureusement réels !

Sardou me fit voir les procès-verbaux, les pièces officielles et les signatures authentiques.

J'étais abasourdi !

Je ne me rappelle plus bien le reste. Je pourrais avancer que, dans d'autres séances, on parvint à obtenir des révélations à l'aide desquelles on retrouva un parent de Thomas; que ce parent était dans la plus affreuse misère ; que, grâce aux remords de l'âme en peine, on découvrit une cachette où se trouvait une somme qui rendit au parent pauvre l'aisance à laquelle il avait droit. Mais, en présentant ce dénoûment au lecteur, je commettrais peut-être un excès d'imagination. Or, en fait d'imagination, et puisque Sardou est en cause, il me paraît superflu de donner à ce riche.

En le quittant, je lui fis remarquer qu'avec sa science de spirite, il pouvait, à l'avance, être renseigné sur le sort de ses pièces. — « Non, répondit-il en riant, puisqu'elles ne sont pas de l'autre monde. » — C'est vrai, mais leur succès en est !

Sardou était déjà au bas de l'escalier lorsque me vint cette réplique agréable, mais tardive.

L'auteur de *Rabagas* est devenu académicien. Grand et nouvel honneur pour le théâtre qui comptait déjà parmi les membres de l'Académie française, MM. Victor Hugo, Emile Augier, Alexandre Dumas, Jules Sandeau, Octave Feuillet, Ernest Legouvé, Camille Doucet.

Mais Paul de Saint-Victor n'est pas académicien !

LA PREMIÈRE PIÈCE DE LAMBERT THIBOUST

Si la personne sympathique de Lambert Thiboust, son bon sourire, sa physionomie engageante, sa main largement tendue, ont disparu pour toujours, il reste son vif esprit, son observation fine et juste, son entrain, sa belle humeur. La représentation théâtrale qui donne la vie à ses œuvres, semble continuer celle de l'auteur, tant il est lui-même, et comme parlant, dans son dialogue.

Lambert Thiboust entra dans la carrière artistique, en qualité de comédien. Il s'engagea au théâtre Beaumarchais, alors dirigé par Genard.

Genard, ex-contrôleur de la Gaîté, était aussi peu lettré que certain directeur légendaire, dont le nom, synonyme de pataquès grotesques, mérite cependant des égards, car ce nom est celui d'un honnête homme malheureux.

Genard, avait, en outre, une réputation proverbiale de ladrerie. C'était donc bien moins pour l'argent que pour la gloire, que les jeunes comédiens jouaient chez lui; ainsi fit Lambert Thiboust, qui, au théâtre, se nommait *Lambert*, simplement.

Il ne promettait point d'être un comédien de valeur. Cependant, il avait quelques qualités. Sa rondeur, sa voix sonore, son air bon enfant plaisaient au public. Mais cela ne suffisait point pour faire obtenir à Lambert des appointements convenables. Il résolut de devenir auteur dramatique : c'était d'ailleurs sa vocation.

Une fois ce projet arrêté, il renonça à ses habitudes de café, et il s'enferma pendant quelque temps pour travailler.

Lorsque l'œuvre fut achevée, il vint trouver Genard : « Dis donc, mon directeur » (j'interromps afin de faire observer que le tutoiement était alors de mode même entre directeurs et artistes : le *vous* est plus comme il faut, plus hiérarchique; mais le *tu* et le *toi* avaient du bon dans la bohème précédente. Il mettait de la camaraderie dans les rapports, et il rendait insignifiantes les fâcheries journalières.) — « Dis donc, mon directeur, veux-tu accepter une absinthe gommée ? — Oui; mais qu'est-ce qui te prend ? répond Genard, étonné, non de l'offre, mais de la dépense qu'elle sous-entendait. Tu as donc fait un héritage ? — Peut-être; viens-tu ? — Allons, dit Genard, en se coiffant de sa belle calotte brodée. »

Une fois attablé, Lambert Thiboust explique à son directeur qu'il avait fait une pièce en un acte, intitulée : *Ma bonne Fée*, que c'était son premier ouvrage dramatique et qu'il ne le présenterait à un autre théâtre qu'au refus de Genard.

Celui-ci, qui connaissait la trempe et l'esprit de son pensionnaire, accueille gracieusement la proposition. Seulement, lorsqu'il fut question du prix d'achat du vaudeville, — on achetait alors les pièces dans les théâtres subalternes, — un débat sérieux s'engagea entre les deux parties contractantes. Genard offrait généreusement quinze francs, une fois payés, l'auteur en voulait vingt. « Quelle exigence ! » disait Genard avec tristesse.

Enfin, le marché est conclu, moyennant dix-sept francs, payables après lecture et réception.

Quelques jours après, Lambert Thiboust revint;

il était soucieux : « Qu'as-tu donc ? lui demande le directeur. — Mon petit père, répond Lambert, il n'y a rien de fait entre nous. — Comment cela ? j'ai le manuscrit. — Je viens le reprendre. — Par exemple ! et pourquoi donc ? — Parce que ma pièce ressemble, m'a-t-on dit, à *Ma Blanchisseuse*. — Eh bien ! qu'est-ce que cela peut me faire à moi, Genard, directeur du Théâtre-Beaumarchais, que ta pièce ressemble à ta blanchisseuse ? — Tu ne comprends pas : il s'agit du titre d'un vaudeville, qui a été joué ici, sous la direction de M. de Tully, contrôleur à la Monnaie. — Eh bien ? — Eh bien, ce vaudeville s'appelle : *Ma Blanchisseuse*, et on m'affirme que *Ma Bonne Fée* et cette pièce c'est la même chose. Je reprends donc mon manuscrit, parce que je ne veux pas être accusé de plagiat ! — Tu ne reprendras rien du tout, s'écrie Genard furieux. Si on t'accuse, je répondrai ; c'est mon affaire. Ne t'inquiète pas. Je me charge de tout !... Là, es-tu content ? — Pas trop. — Maintenant réglons notre compte, reprit Genard qui se calmait... Puisque la pièce a déjà été jouée ici, je ne te dois plus rien ; c'est évident. Mais comme tu as été gentil, je veux l'être aussi. Je ne te dois rien, je le répète : Eh bien, voilà dix francs que je t'offre. Oh ! pas de façons ; ils sont à toi, puisque je t'en fais cadeau. »

Lambert Thiboust était abasourdi !... Voilà

comment fut reçue, et ensuite représentée au Théâtre-Beaumarchais, sa première pièce, *Ma Bonne Fée!*

UN TALENT PARTICULIER
DE JACQUES OFFENBACH

Au début de sa carrière artistique, Jacques Offenbach préludait par le rhythme particulier de son tempérament au rhythme de sa musique. Les initiés d'autrefois n'ont pas oublié les premières manifestations de ce tempérament original, dans les soirées de carnaval qui avaient lieu chez l'excellent Ponchard père.

Offenbach, alors simple instrumentiste, était le boute-en-train de ces fêtes. Profitant de la liberté des jours gras, il organisait, avec le concours de jeunes et aimables familiers de la maison, des intermèdes fantaisistes, qu'il préparait dans le plus grand secret.

Un Mardi-Gras, à l'attaque d'un avant-deux bouffe, chaque danseur se couvrit brusquement la tête d'un bourrelet d'enfant, et contrefaisant la voix d'un bébé, se mit à chanter en dansant. Je soupçonne que les paroles étaient d'Offenbach, littérateur. On va voir qu'il employait le mot propre : sans l'être précisément... mais il s'agit du langage des bébés, qui ont aussi (comme le latin que les petits garçons apprendront plus tard) le droit de braver l'honnêteté dans leurs mignons discours. Je risque donc le texte de l'avant-deux :

> Papa, maman, je n' veux pas faire pipi à pot;
> Papa, maman, moi j' veux aller sur le gigot, etc.

Je laisse à penser de quels éclats de rire fut accueillie cette folie inattendue!

Un instant après, c'était le galop final, avec un accompagnement également imprévu... de mirlitons. Quelle joie! ou plutôt quel délire!

Jacques Offenbach était passé maître sur le mirliton. Il en tirait des sons grotesques, ou, suivant l'inspiration, des notes empreintes de douceur, de mélancolie et même d'attendrissement. Qui s'en étonnerait? Tout mirliton aboutit à de la pelure d'oignon, et l'on sait que l'oignon est en parenté avec les larmes.

Un soir de cette époque, il arriva à J. Offenbach de donner une fête théâtrale, dont le programme était la parodie du *Trovatore*. Il y avait là une foule de jeunes écrivains et de compositeurs qui, depuis, sont presque tous devenus des maîtres. — M. Edmond About avait accepté un rôle de bourreau. Il y était admirable!

La pièce faisait la joie des spectateurs. On accompagnait au piano les airs et rondeaux de la parodie. Quelques instruments à cordes donnaient aussi de temps à autre un concours absolument fantaisiste.

A la fin, au moment de la situation si pathétique du *Trovatore*, piano et instruments font subitement *tacet*. Une mélodie solennelle sort de derrière la coulisse. On écoute religieusement. Qu'était-ce donc?... Des mirlitons! Oui, des mirlitons s'étaient intrépidement attaqués à la musique de Verdi, et ils en accusaient les phases d'éclat, de douleur et de désespoir. C'était très-réussi. On applaudit à tout rompre.

Offenbach avait supérieurement mirlitonné la partie du ténor; il fut pris d'une laryngite qui le maintint pendant quinze jours dans sa chambre. Mais qu'importe! Son mirliton avait triomphé: ne fallait-il pas expier un peu cette gloire nouvelle?

MASSENET

Massenet est le *vingt et unième enfant* d'une famille qui a fourni à l'artillerie une série de bons officiers. — Le goût de la musique se manifesta de bonne heure chez Jules-Émile-Frédéric Massenet, dont il est ici question. Cependant, ses parents auguraient mal de sa vocation artistique, car il n'obtint qu'à grand'peine, une première fois, de quitter Chambéry (où son père souffrant s'était retiré), et de venir se faire admettre au Conservatoire de Paris.

Au bout d'un an, il remporta, au concours, un si médiocre accessit, que sa mère, peu flattée, se décida à garder le jeune homme au foyer domestique. Cette résolution ne pouvait convenir au futur compositeur; il arrêta, en secret, le projet de retourner, n'importe comment, à Paris. Il avait alors douze ans.

Un matin, il sort furtivement de la maison de ses parents; il gagne la route de Lyon. Tantôt en voiture, tantôt et le plus souvent à pied, il arrive dans la grande ville où il se met en quête de la rue et de la demeure d'une sœur à qui il comptait demander l'hospitalité. Cette rue et cette maison, il les trouve enfin; il se croit au bout de ses peines, mais son signalement ayant été donné, il est reconnu par un brigadier de gendarmerie, qui, — voyez la mauvaise chance! — sortait précisément de conférer avec la sœur de Massenet, au sujet de l'évasion de l'enfant.

On le reconduit à Chambéry. Là, il ne paraît point que le courroux causé par son escapade ait été bien terrible, ni que la résistance à ses désirs se soit montrée rigoureuse, attendu que peu de temps après, on trouve le jeune homme réinstallé au Conservatoire, et avec les autorisations paternelles les plus régulières.

Il débute par suivre un cours quelconque de piano. De là, il entre dans la classe d'harmonie de M. Bazin, à qui le tempérament musical de son élève n'inspire aucune sympathie... Alors Massenet songe à aller demander des leçons particulières d'harmonie à M. Savard.

Cet excellent professeur s'attache à son élève. En vingt leçons, aussi consciencieusement données qu'intelligemment reçues, il instruit Massenet sur tout ce qu'il était venu apprendre. Chaque séance devait coûter dix francs; faible rémunération pour un tel maître; somme importante pour un élève à la bourse mal garnie.

A la fin du cours, M. Savard, qui n'avait jamais rien réclamé, voit le jeune Massenet placer discrètement, sur un coin de la cheminée, deux rouleaux de 100 francs chaque, formant le solde des vingt leçons. Sans faire allusion à cet incident, le professeur s'approche de Massenet : « Mon ami, lui dit-il, un éditeur m'a confié une messe d'Adam, écrite pour musique militaire, et qu'il faudrait orchestrer pour musique symphonique. Cela me prendrait plus de temps que je n'en puis donner. Voici cette messe : Rendez-moi le service de faire le travail. Vous m'obligerez infiniment. Puis-je compter sur vous ? ».

Je laisse à juger si Massenet accepta avec empressement. Être agréable au bon et savant M. Savard, quelle joie ! Orchestrer une messe d'Adam, quelle heureuse fortune !

Il se mit donc à l'œuvre avec ardeur. Le travail terminé, il courut le déposer chez le professeur. Qu'allait-il penser des efforts d'un commençant ? Massenet attendait avec anxiété. Enfin il est mandé par M. Savard qui l'accueille en souriant :

— Mon enfant, lui dit-il, ce que vous avez fait est très-bien. Ah ! une observation...

— Quoi donc ? demanda le jeune homme en balbutiant.

— Le travail est rétribué. Vous avez tout fait ; donc la rétribution vous appartient ! Point de refus, point de fausse délicatesse, je ne les admettrais pas, mon ami, je vous en préviens.

Profitant du silence respectueux et de la soumission instantanée de son élève, le professeur lui glisse vivement dans la main un petit paquet composé des deux rouleaux de cent francs précédemment remis par Massenet.

M. Savard avait imaginé ce moyen de restituer à son élève, en ménageant sa délicatesse, le prix de ses leçons ! n'est-ce pas que le trait est charmant ?

Massenet entre dans la classe d'Ambroise Thomas. Il a le bonheur de trouver encore un ami dans son maître. Et quel maître ?... L'illustre professeur apprécie tellement les qualités de son élève, qu'il ne craint pas de lui prédire — publiquement — « un bel avenir. »

Massenet commence à justifier cet horoscope, en obtenant, à une deuxième épreuve, « le grand prix de Rome. » — Le séjour du lauréat dans la Ville éternelle vivra, j'en suis bien certain, dans sa mémoire, avec le charme ineffable d'une date bénie ! — Tout était souriant : la jeunesse, la vie, le travail, l'estime de tous, l'amitié, l'amour ! — C'est à Rome que Massenet s'est marié...

Au retour, commence la lutte : il faut gagner le pain de chaque jour; il faut se créer une position d'avenir.

Professeur de piano le jour, timbalier le soir aux Italiens, et ensuite au Théâtre-Lyrique, Massenet accomplissait un dur labeur. Lorsque la saison théâtrale était enfin terminée, il allait se réfugier à Fontainebleau, où la mère de sa femme possédait un modeste chalet.

Là, ayant sous les yeux la « forêt verte, » il composa successivement : les *Suites de bal* pour piano; *Pompéia*, fantaisie symphonique; une cantate intitulée : *Paix et Liberté;* la partition de la *Grande Tante*, opéra-comique représenté en 1867; le *Poëme d'Avril;* le *Poëme du Souvenir;* l'*Improvisateur;* le *Roman d'Arlequin,* pour piano; et *Don César de Bazan,* opéra-comique joué en 1872.

On remarqua beaucoup, au deuxième acte, « la berceuse » et la chanson de Lazarille.

C'est dans cette riante maisonnette de Fontainebleau que jaillirent les premières idées relatives aux *Suites d'orchestre*, à *Marie-Magdeleine* et au *Roi de Lahore*.

Durant ces travaux en préparation, que de défaillances !... Elles sont inséparables de toute carrière d'artiste.

Bien peu de temps avant la représentation de *Marie-Magdeleine*, Massenet aurait accepté de s'exiler en province, soit comme organiste, soit comme professeur dans un conservatoire de second ordre ; mais un ami, dont le dévouement ne s'est jamais démenti, pressentait pour lui de plus hautes destinées. Il le détermina à patienter encore, en lui affirmant avec conviction que son heure allait arriver.

Elle vint en effet, grâce aux soins, aux démarches opiniâtres de cet ami, — c'est Hartmann l'éditeur, artiste par nature, éditeur par circonstance, et dont la foi en Massenet a toujours dominé toute considération d'intérêt personnel. Hartmann s'entremit de telle sorte qu'il parvint à faire représenter dans un concert spirituel, à l'Odéon, la *Marie-Magdeleine* de son ami découragé.

L'œuvre produisit l'effet que l'on sait. La première partie étonna, en attachant. On comprit sur-le-champ que l'on était en face d'un tempérament et d'une originalité. — Dans la seconde partie, un *Pater noster* magistral souleva la salle entière ! — L'œuvre s'acheva au milieu de bravos enthousiastes... Massenet entrait dans la voie des grands succès.

La prédiction d'Ambroise Thomas se réalisait donc enfin ! Après l'audition de *Marie-Magdeleine*, le maître, s'adressant à un critique musical, disait : « On ne me prend pas facilement ; eh bien ! mon cher, je viens de pleurer ! — Ma foi, et moi aussi, » répondit le critique.

Naturellement, après ce triomphe de Massenet, l'espérance et l'ardeur lui étaient revenues : il ne songeait plus à solliciter une condition secondaire en province. Il reprit ses travaux et ses études. —

Durant six années consécutives, il s'occupa de son *Roi de Lahore*, polissant la partition, la repolissant sans cesse, suivant le précepte du poëte.

Enfin, au mois de mars de l'année 1876, l'œuvre était achevée, tant par le compositeur que par l'auteur du poëme, M. Louis Gallet. Tous les deux s'accordent à tenter l'épreuve suprême : un rendez-vous est demandé au directeur de l'Opéra. Jour et heures sont fixés par M. Halanzier.

A la minute précise, Massenet se présente. M. Halanzier, toujours matinal, se promenait en long et en large dans son salon. Il aborde le compositeur, lui serre la main, et tire sa montre qu'il consulte. Neuf heures juste ; c'est très-bien ; auriez-vous l'habitude d'être exact, monsieur Massenet ?

— C'est chez moi une manie, monsieur Halanzier.

— Oh ! alors, nous nous entendrons.

Ils s'entendirent en effet, et le succès du *Roi de Lahore* leur donna raison.

II

DIRECTEURS DE THÉATRE

DELESTRE-POIRSON

Delestre-Poirson fut à la fois auteur et directeur du Gymnase, qu'il avait acquis de M. de La Roserie, premier titulaire du privilége du théâtre *de Madame*, ainsi nommé avant 1830, époque à laquelle ce monument s'appela Théâtre du Gymnase.

Sous M. Delestre-Poirson, et par lui, furent livrées les plus mémorables batailles que jamais directeur ait soutenues contre l'association des auteurs dramatiques, représentée par sa commission.

D'une capacité exceptionnelle, Delestre-Poirson était né administrateur, avec les dons intimes et les qualités physiques de l'emploi. Grand, les traits allongés et sévères, il ne souriait presque jamais, « car, disait-il, le sourire d'un directeur est une concession qui lui coûte toujours quelque chose... » Il ne souffrait pas la contradiction, moins encore la résistance.

Avec un tel caractère, il ne pouvait manquer de subir impatiemment le joug de la commission des auteurs. Il la considérait comme vexatoire et tyrannique. Vers 1842, la rupture se fit publiquement entre les deux parties, depuis longtemps en proie à de sourdes divisions. La commission formula l'*interdit* contre M. Delestre-Poirson : il riposta en publiant un jugement de police correctionnelle qui, en 1838, avait déclaré « illégale » l'association dramatique. L'interdit n'en fut pas moins maintenu.

Delestre-Poirson accepta résolûment une lutte qui le privait de ses meilleurs auteurs et de leur répertoire. Il fit appel à tous les écrivains « non soumis à la coalition, » et à ceux qui désiraient s'en affranchir. En tête des premiers se place Jules de Prémaray : il dut à l'interdit l'occasion de se faire connaître, et de trouver ensuite une situation, non sans honneur, au théâtre et dans le journalisme. M. Delestre-Poirson, qui fut personnellement le pourvoyeur du Gymnase, en attendant qu'on lui apportât des pièces nouvelles, s'adjoignit Jules de Prémaray en qualité de collaborateur. Quelques-uns de leurs ouvrages, entre autres *Bertrand l'horloger*, obtinrent de la faveur, grâce à Bouffé, qui faisait valoir les rôles principaux.

Fournier, le collaborateur d'Arnoult, Gustave Vaëz, Laurencin, sous le pseudonyme d'Auvray, et quelques autres, se risquèrent à donner leur concours, plus ou moins avoué, au Gymnase pendant l'interdit. M. Montigny y mit fin en venant succéder (le 18 juin 1844) à Delestre-Poirson : celui-ci laissait dans sa troupe un élément de succès que le nouveau directeur sut doublement apprécier : Mlle Rose Chéri !

Sous ses brusques allures, Delestre-Poirson cachait un cœur bon et généreux. Un trait entre cent :

Bernard-Léon, alors aux modestes appointements de 1,800 francs par an, faisait un service excellent. Toutefois il éprouvait des inquiétudes en pensant à l'époque du renouvellement de son contrat, bien que cette époque fût encore éloignée. Un jour M. Delestre-Poirson le mande à son cabinet.

— Monsieur, lui dit-il, il reste deux ans à courir jusqu'à l'expiration de votre engagement... Nous le prolongeons de quatre années. Vous aurez six mille francs et cinq francs de feux. Acceptez-vous ?

— Si j'accepte ! s'écria Bernard-Léon ; mais, monsieur, comment vous dire, vous exprimer...

— C'est bon... L'engagement est prêt ; le voilà : signez.

Bernard-Léon, ému, fait semblant de lire et signe à la hâte.

— Avez-vous examiné ce que vous venez d'approuver ? reprend le directeur. Non. Eh bien, regardez : vos 6,000 francs et vos feux courent à partir d'aujourd'hui. Pas de remerciments ; il n'en est pas besoin... Exact, consciencieux, ayant du talent, vous méritiez des émoluments meilleurs. Vous les avez... Adieu.

Là-dessus, le bourru bienfaisant se lève, va prendre la main de son pensionnaire, la serre avec cordialité... ensuite, il pousse à la porte Bernard-Léon attendri, récompensé et brusquement congédié.

Il ne faut pas confondre Delestre-Poirson avec « le beau et aimable » Poirson qui fut l'associé de Dormeuil au Palais-Royal.

VEDEL

Bon comédien en France et à l'étranger, puis caissier à la Comédie-Française, et enfin administrateur du même théâtre, M. Vedel fut un homme intègre, au cœur excellent, et en outre, un narrateur que l'on ne se lassait point d'écouter. Voici ce que je lui entendis raconter un jour.

A l'époque de nos premières grandes guerres contre la Russie et au moment même où la population de Saint-Pétersbourg éprouvait une commotion profonde par suite de l'entrée de nos troupes à Moscou, les représentations françaises continuaient au théâtre impérial, comme si l'on eût été en pleine paix. Telle était la volonté de S. M. le czar.

M. Vedel tenait l'emploi des premiers rôles, à côté de Mlle Georges, alors dans tout l'éclat de sa beauté et de ses succès ; elle était l'idole du grand monde de Saint-Pétersbourg. Elle se sentait fière des triomphes de nos armes; mais son patriotisme n'excluait ni sa reconnaissance pour les bontés de l'empereur de Russie, ni son obéissance aux devoirs qu'elle avait contractés envers lui. Elle continuait donc de jouer par ordre, mais non sans appréhensions, au milieu de la haine croissante du populaire pour tous ceux qui portaient le nom de Français.

Pendant deux ou trois semaines, Mlle Georges tint bon.

Un soir, elle était prête à se rendre au théâtre dans une des voitures de cour, gracieusement mises au service des artistes principaux, lorsque l'on vient lui apprendre que des bandes de moujiks, barbus, armés de bâtons, se pressent aux abords du théâtre, et font mine de vouloir y pénétrer !...

Mlle Georges, redoutant des intentions mauvaises, refuse de sortir. Son camarade et ami, M. Vedel, accourt pour rappeler à Mlle Georges l'ordre du czar; d'ailleurs, il affirme que toutes les mesures sont prises pour la sécurité des artistes; il conclut en disant qu'il serait indigne de déserter son poste. Il parvient à calmer les alarmes de son amie, et il la conduit au théâtre.

Pendant le trajet, elle éprouve maint accès de terreur, en voyant que la voiture est entourée d'hommes à l'aspect féroce...

Enfin, on arrive. Mlle Georges s'élance hors de la voiture et se réfugie dans sa loge. — Le général surintendant des théâtres impériaux, S. E. le comte de Narischkine, se présente. D'un air souriant il invite la célèbre reine de tragédie à s'habiller, et à ne rien craindre, quoi qu'il puisse arriver. Il la quitte, en déposant sur sa main, merveilleusement belle, un baiser d'homme de cour.

Ce « quoi qu'il puisse arriver » ne laisse pas de troubler de nouveau Mlle Georges. Toutefois, elle s'habille, et elle vient sur la scène, le cœur plus palpitant, plus anxieux encore que le soir mémorable où elle parut devant un parterre de rois.

Vedel, qui jouait un rôle de confident, était déjà à son poste, attendant le lever du rideau. Mlle Georges jette un coup d'œil dans la salle... elle pousse un cri : « Les moujiks, dit-elle en balbutiant... Nous sommes perdus ! »

Elle ne peut ajouter une parole, ni songer à sortir de scène. Le rideau était levé. Depuis le rez-de-chaussée jusqu'en haut, le théâtre est garni d'hommes du peuple qui ont envahi les places ordinairement occupées par des dames aux toilettes étincelantes de diamants, par des princes, des officiers supérieurs, de hauts fonctionnaires, enfin par un public de distinction.

Devant les bêtes fauves composant l'auditoire actuel, Mlle Georges chancelle... elle tombe évanouie dans les bras de Vedel qui s'empresse de la conduire hors de la scène. Cet incident devient un signal pour les moujiks. Ils vocifèrent, et agitent leurs bâtons en menaçant. Les premiers rangs, voisins de la scène, se disposent à l'escalader.

Plus prompt qu'eux, M. de Narischkine s'élance d'une loge de rez-de-chaussée, d'où il observait tout sans être vu ; il monte sur le théâtre, impose silence aux moujiks, et leur enjoint de rester en place. Ils obéissent.

De jeunes officiers se groupent rapidement à quelques pas du général surintendant. Il fait un signe : les portes de l'orchestre, celles des baignoires, des galeries, des balcons, des loges s'ouvrent comme par enchantement. A chaque issue se montrent des grenadiers de Préobrajenski, le fusil chargé, la baïonnette en avant. En même temps, autour de la scène se déroule un cordon de soldats du même régiment. Les moujiks, partout cernés, se sentent perdus.

Sur un autre signe du surintendant, on place

devant lui une table ; on apporte des siéges ; en outre, on pose au niveau du trou du souffleur un plancher de pente qui met la scène en communication avec la salle. Les moujiks regardent ce qui se passe et retiennent leur souffle. « Braves gens, leur dit M. de Narischkine d'une voix calme, à quoi vous servirait d'insulter et de tuer d'inoffensifs comédiens qui sont nos hôtes ? Vous avez mieux à faire. Venez l'un après l'autre, où je suis. Vous serez enregistrés, et ensuite vous marcherez aux avant-postes. Là, vous pourrez vaillamment prouver votre dévouement à la sainte Russie et votre fidèle amour pour son maître, notre empereur glorieux et respecté ! »

Pas une protestation ne s'éleva. Chaque moujik vint devant le général, déposa son bâton, se fit inscrire, puis, silencieusement, fila sur la route de Moscou.

NESTOR ROQUEPLAN

C'était lui faire injure de dire qu'il avait de l'esprit. Or, il en avait, on le sait, et du meilleur. Ses mots ont cours dans la génération qui lui a survécu : ils se transmettront, sans aucun doute, à des âges plus éloignés.

C'était un homme de la vie élégante. Voilà ce qui frappait en lui à première vue : — Maigre, assez élancé ; l'œil vif, mais dépourvu de fixité ; le visage à chaque instant convulsé par un tic qui renvoyait sa tête vers l'épaule gauche, agitée elle-même d'un mouvement nerveux et régulier ; les pommettes saillantes ; la lèvre supérieure ombragée d'une moustache coquette ; le sourire pour ainsi dire à demeure sur une bouche occupée à mâchonner une repartie qui sortait au bon moment ; enfin (pour ne pas nous perdre dans les lignes, les touches et les contours d'un portrait en pied) un ensemble fin, gouailleur avec une recherche exquise, et, pourtant, sans ombre de manière : tel était Nestor Roqueplan.

On ferait un volume de ses traits d'observation, de philosophie humoristique, de satire enjouée ou mordante. Bien peu de ceux qui tiennent leur plume au courant et au niveau de l'esprit du jour, se sont refusés, à l'occasion, le plaisir de puiser dans le répertoire vrai ou supposé de Nestor Roqueplan. Je ne rappellerai de lui que l'aphorisme suivant : « Dieu a mis la femme sur la terre pour que l'homme ne fît pas de trop grandes choses !... »

Je souris en me rappelant sa façon ultra-fantaisiste d'entendre et de recevoir les pièces. Il fallait le happer au vol pour lui faire subir une lecture.

C'était son supplice. On connaissait si bien ses résistances à cet égard, qu'on arrivait à le contraindre et à le forcer, sans pitié et même sans respect pour sa personne. Le comique des violences dont on le rendait victime corrigeait ce qu'elles auraient pu avoir d'excessif.

Un jour, il fumait, voluptueusement étendu sous un arbre, à la campagne, au lieu de se trouver dans son cabinet, au théâtre (des Variétés), où il avait donné rendez-vous, pour une lecture, à deux de ses auteurs habituels. Ceux-ci, après l'avoir vainement attendu, se mettent à sa recherche et apprennent où est situé son buen-retiro.

Ils y courent, se glissent avec mystère, et parviennent, sans être aperçus ni entendus, derrière l'arbre du fumeur. Il était à moitié endormi : l'un des auteurs tire de sa poche une corde qu'il tend à son complice ; il en garde un des bouts ; tous les deux s'approchent de Nestor, et crac! le voilà solidement lié à l'arbre, semblable à « l'Amour prisonnier » dont parle la Fable.

Nestor Roqueplan se réveille : il se voit ficelé; il entend rire à gorge déployée. Reconnaissant ses bourreaux, il rit plus fort qu'eux ; ensuite, il demande à être mis en liberté. Refus très-net. Il propose des capitulations. Non, on le laissera là, fixe et immobile, jusqu'à ce qu'il ait bien et dûment entendu les trois actes que l'on va lui lire. Pour appuyer cette déclaration, on déroule un manuscrit volumineux.

A cette vue, à cette menace, Nestor Roqueplan s'écrie vivement : « Vite, détachez-moi un bras, un seul, le droit. — Pourquoi faire? — Pour signer la réception de la pièce ! » On le détacha ; il signa, en effet, et l'œuvre dramatique fut jouée quatre-vingts fois, et même plus, dit la chronique.

Dans une circonstance analogue, voulant échapper à diverses obsessions, et entre autres à un rendez-vous d'auteurs, il se réfugie dans une petite maison solitaire. Sûr de n'être point dérangé, il respire à l'aise : il ouvre ses fenêtres pour donner accès à un beau soleil printanier ; il va et vient joyeusement dans sa chambre.

Tout à coup deux ombres se projettent sur le parquet. Il regarde du côté des fenêtres... que voit-il ? les deux auteurs !... Ils avaient trouvé des échelles, dont ils s'étaient servis pour se hisser aux fenêtres de leur insaisissable. Là, ils le somment de remplir ses devoirs de directeur. Lui, sans se fâcher : « Soit, dit-il, j'y consens, mais à une condition, c'est que vous allez rester là, et me lire votre pièce dans la position où vous êtes... Ne bougez pas, ou bien je me sauve. »

Et comme il l'aurait fait ainsi qu'il le disait, les

auteurs s'exécutèrent avec une bonne grâce qui fit recevoir leur pièce. Je suis persuadé qu'elle ne manquait point de talent, mais je ne me hasarderais pas à affirmer que Nestor Roqueplan y eût prêté la moindre attention. Ce qui devait le préoccuper et le charmer, c'était la situation grotesque de ses auteurs, se remuant sur leurs échelles comme des perroquets sur des bâtons de perchoirs.

Une autre fois, — toujours aux Variétés, — on présentait un vaudeville à Nestor Roqueplan, en le prévenant que les couplets ne s'y trouvaient pas encore... « C'est bon, répondit-il tranquillement, ne vous en occupez point ; mon portier les fera. »

Et Boulé!. Bou...bou.. boulé! — On prononçait ainsi le nom de cet auteur, par moquerie gamine de son bégayement forcené. Qui ne connaît l'anecdote relative à la lecture qu'il fit d'une pièce à l'humoristique Roqueplan ?

Boulé commence; il articule en raison de son infirmité. Nestor l'écoute jusqu'au bout sans l'interrompre.

— L'idée est originale, dit-il en homme satisfait de la lecture. Tous ces personnages qui bégayent... c'est nouveau. Seulement, je ferais une exception pour l'amoureux... il ne faut pas que l'amoureux bégaye. Les autres, à la bonne heure! — Mais per... per... personne ne... ne...bé... bégaye !...

s'écrie Boulé scandalisé. — Comment, personne ?... Oh! alors, mon cher, je refuse votre pièce. Il n'y avait que cela d'amusant! »

Lorsque Nestor fonda le *Pré Catelan*, c'est-à-dire lorsqu'il eut l'idée d'entourer, par permission et par privilége, une parcelle du Bois de Boulogne, il offrit, moyennant un prix d'entrée, le plaisir de la promenade dans des localités où, précédemment, l'on circulait gratis. On ne trouva, dans l'endroit clos, d'autre innovation et d'autre agrément que la clôture. L'inventeur de cette combinaison la raillait en disant à son bailleur de fonds : « Nous prenons deux francs au public pour lui faire voir son Bois de Boulogne !... Ah ! ah !... »

Nestor Roqueplan était directeur de l'Opéra lorsque survint la Révolution de 1848 : il avait Duponchel pour associé. Un jour, le peuple envahit la cour de l'Opéra, à l'effet de planter au milieu un arbre de la liberté. La plantation fut accompagnée de discours de circonstance. Duponchel avait le sien, il le commença et ne put le terminer, ce qui le vexa beaucoup. Roqueplan riait comme un fou de voir son associé si rouge et si contrarié.

Quelque temps après, le préfet de police, M. Carlier, le scieur Carlier (ainsi nommé, parce qu'il faisait scier et déplanter tout « *populus* » d'origine révolutionnaire) envoya procéder à l'exécution de l'arbre de l'Opéra.

Nestor Roqueplan accourut et s'opposa à l'opération. — « Pourquoi cette résistance? lui demanda un fonctionnaire de sa connaissance qui flairait quelque plaisanterie. — Parce que Duponchel avait commencé une allocution le jour de la plantation de cet arbre : or, on ne le déplantera pas avant que Duponchel ait achevé son discours ! »

Semblable à la pierre dont parle le proverbe et qui en roulant n'amasse pas de mousse, Nestor Roqueplan ne s'enrichissait guère à changer de direction théâtrale. Il en prenait son parti, et spirituellement, bien entendu; aussi, un jour que Nestor se retirait de l'un de ses théâtres, M. de Villemessant, le rencontrant, put-il lui dire en parlant sa langue : « Roqueplan, vous êtes entré à l'Opéra avec un apport de 700,000 fr. de dettes. Je vous connais; vous êtes un galant homme : vous n'avez pas dû distraire de votre apport un seul centime ! »

Parfois ses ennuis se traduisaient par les sorties les plus excentriques. Alors qu'il était à l'Opéra-Comique, il se promenait un soir dans les coulisses, sous l'empire d'une préoccupation visible. On jouait *la Dame blanche*. Audran, qui remplissait le rôle de l'officier, avait à parler à son directeur. Il l'observe de loin. Nestor se sent guetté. Il n'est pas en humeur de donner audience, et cependant il lui est impossible d'éviter la rencontre : il se laisse donc aborder.

Sans attendre que son pensionnaire expose sa requête, il prend un air grave, presque fâché, et dit brusquement à Audran : « Vous êtes militaire, je ne le suis pas; vous avez une épée, je n'ai qu'un jonc. Les armes ne sont pas égales. De plus, vous êtes riche, puisque vous achetez un château ; moi je suis pauvre. Je suis donc forcé de consacrer tout mon temps au travail, adieu... » et là-dessus, Nestor part comme une flèche, laissant Audran dans un ahurissement complet.

Le directeur fantaisiste, qui recevait des pièces sans les connaître, qui les jouait ou plutôt les laissait jouer sans avoir vu une seule répétition, qui semblait traiter les affaires de sa profession par occasion, par raccroc, par pur hasard... fut souvent heureux et toujours prôné. A travers ses plus grandes légèretés, on se plaisait à lui supposer de hautes capacités en réserve. « Un homme de tant d'esprit serait un administrateur excellent, s'il le voulait. » Ainsi, cette réputation d'esprit, d'une part, et, de l'autre, son allure de gentilhomme, le sauvegardaient sans cesse. Après ses derniers échecs, on eût encore pensé à le désigner de préférence à tout autre, s'il avait fallu pourvoir à quelque vacance directoriale.

A l'occasion, il était serviable et bon. On cite de lui maint trait de dévouement pour sa famille. Mais sa légende ne va pas du côté de la sensibilité et du cœur. Le public n'a retenu de lui... que l'esprit..

ANTÉNOR JOLLY

Anténor Jolly! Le plus inventif, le plus audacieux, le plus vaillant des directeurs passés, présents et futurs!...

D'abord ouvrier d'imprimerie, il devint copropriétaire de *l'Entr'acte*, puis directeur de la Renaissance. Victor Hugo lui avait fait obtenir un privilége dans la salle Ventadour : Anténor Jolly eut l'honneur d'y faire jouer, pour la première fois, *Ruy-Blas*.

En ce moment, je ne parlerai du très-intéressant Anténor Jolly qu'au point de vue des bals masqués inaugurés jadis à son théâtre. C'est lui qui imagina de donner, pour ces nuits de bal, le caractère de la féerie à la décoration d'une salle de spectacle. Il inventa les surprises, les intermèdes de ballets par un essaim de danseuses de théâtre, les processions bouffonnes, les tombolas dont le gros lot consista, une fois, en... un âne! enfin cent folies plus divertissantes les unes que les autres.

Il présidait aux moindres détails de ces mises en scène carnavalesques, et il apportait à ces soins un enjouement qui contrastait avec sa gravité habituelle.

La dernière année de son exploitation, il vint, le surlendemain d'un bal de la Mi-Carême, dans le foyer de ses artistes. Il paraissait sombre. On l'entoure; on lui demande affectueusement ce qu'il peut avoir. Il tenait à la main un journal déplié.

« Mes enfants, dit-il en indiquant le journal, je suis sous l'impression de quelque chose de pénible que je viens de lire... Quand je pense que l'on s'amuse, — moi tout le premier, — que l'on dépense de l'argent sans compter, pendant le carnaval, et que dans ce même moment, il y a des gens que la misère, que la faim!... oh!...

— Mais qu'est-ce donc ?

— Il s'agit d'un jeune homme de province, arrivé à Paris, il y a trois mois, avec le projet de se lancer dans la littérature. Il n'avait pour fortune que quelques manuscrits. Il fait démarches sur démarches. Peines perdues ! A bout de ressources, il entre comme ouvrier chez un cartonnier; on lui donnait vingt-cinq sous par jour... On n'était pas mécontent de lui. Mais voilà que le patron s'avise de lui demander ses papiers. Il remet son passe-port. En voyant que le jeune homme, — Emile-Jean-Jacques, — avait la profession d'homme de lettres, le patron conçoit des soupçons : il congédie le nouveau venu.

— Pauvre diable! s'écrie-t-on de toutes parts dans le foyer, en compatissant au sort du jeune écrivain.

— Quelques jours après, reprend Anténor, il fait la rencontre d'une fille publique, jeune, belle, dit le journal, et dont le caractère est un composé étrange d'instincts abjects et de sentiments généreux. Elle éprouve de la pitié pour ce poëte famélique. Elle le force à manger. Elle s'attache à lui; elle finit par l'aimer avec passion. — Il se laisse faire, ce qui ôte bien de l'intérêt à M. Emile-Jean-Jacques, n'est-ce pas?...

Bref, pour subvenir aux frais dont elle se surchargeait ainsi, la malheureuse fille a recours au vol... Elle dérobe des couverts d'argent!... Il n'en savait rien. On ramasse, elle comme auteur, lui comme complice du méfait. Ils ont comparu hier devant le tribunal. Oh! M. Emile-Jean-Jacques n'a pas eu besoin de se justifier! Elle s'est accusée toute seule. Se tordant les mains, pleurant à chaudes larmes, elle avoue le délit, mais elle jure qu'il n'y est pour rien, lui! — Il savait bien qu'il n'y avait pas à me demander compte de ce que je pouvais apporter, dit-elle, en sanglotant. Si je lui avais parlé des couverts d'argent il se serait fâché, et il m'aurait forcée de les rendre. Punissez-moi, mais ne lui faites rien, il est innocent!

On acquitta l'homme... La fille a été condamnée à quinze jours de prison.

— La justice ne peut pas avoir mal agi, dit la petite X..., âgée de quatorze ans. Mais c'est égal, cette femme-là me fait de la peine... et si on pouvait...

— Garde ton argent, répond vivement Anténor Jolly qui voit la bonne petite fillette chercher son porte-monnaie. Écoute-moi bien. Il ne faut pas confondre le malheur avec ce qui était le vice hier, et qui sera le vice demain. On doit secourir l'un ; il n'y a pas lieu de venir en aide à l'autre. Comprends-tu ?

— Oui, monsieur Anténor, je comprends que cette... personne a beaucoup pleuré, et qu'elle a du cœur !

Anténor Jolly posa ses lèvres sur le front de l'enfant, et ne chercha pas à lui donner de plus amples explications.

HAREL

Je n'ai point connu personnellement ce directeur extraordinaire, mais sa légende m'a toujours intéressé.

Il avait été préfet des Landes sous le premier Empire. Destitué en 1814, expulsé du territoire avec Boulay de la Meurthe, dont il partagea l'exil pendant cinq années, rentré en France en 1820, il fonde un journal appelé *le Miroir* qui prend ensuite le titre de *la Pandore*.

Harel fut directeur de l'Odéon et de la Porte-Saint-Martin. Il n'avait point d'argent : il se soutenait à l'aide d'expédients que la tradition a sans cesse variés et embellis. Harcelé par ses créanciers, qui le relançaient jusque sur la scène, il se dérobait, disait-on, à leurs poursuites au moyen d'une trappe qui, lorsqu'il allait être pris, le faisait tout à coup disparaître dans le troisième dessous.

Un jour, un huissier vient pour opérer une saisie. Harel parle si bien à l'officier ministériel que celui-ci, touché de tant de misère et de mérite, laisse, en partant, à son débiteur, de l'argent au lieu de lui en prendre...

Ses discussions avec ses comédiens ont, pendant longtemps, défrayé les racontars de coulisses.

Bocage (qui, sous la monarchie, faisait sonner très-haut et à tout propos ses opinions démagogiques) était devenu, par ses exigences de toutes sortes, le tourment d'Harel, qui s'écriait : « Je lui donne les rôles qu'il veut, les costumes qui lui plaisent, les billets de spectacle qu'il a promis; et maintenant voilà qu'il me demande la République! Je ne peux pourtant pas la lui donner! »

Après une explication avec Mélingue, qui réclamait ses appointements et ceux de sa femme, Harel fit afficher au foyer :

« Mme Mélingue, coupable de diffamation envers son directeur, va publiant partout qu'il lui est dû 965 francs; c'est une calomnie; la Direction ne doit aux époux Mélingue que la somme de 960 fr. 15 c. »
— Le directeur, plus riche d'esprit que d'argent, trouvait encore moyen, par une pantalonnade, de mettre les rieurs de son côté.

Pour jouer le *Vautrin* de Balzac, Harel avait engagé Frédérick Lemaître, à raison de 36,000 francs d'appointements fixes et 100 francs de feux. Quand les répétitions furent un peu avancées, Harel fit venir Frédérick dans son cabinet, et lui tint ce langage :

« Votre engagement porte 36,000 francs, vous ne les touchez pas. Eh bien, si vous voulez, nous allons réduire cela de moitié, et... je vous payerai. »

Au dompteur van Amburg, qui se glorifiait de son habileté à manœuvrer les bêtes féroces, de manière à inspirer toute sécurité au public, Harel disait : « N'abusez pas de la sécurité, mon cher. Laissez l'espoir que vous pourrez être mangé un jour ; autrement, nous ne ferons pas le sou. »

Tout s'épuise, même la plus grande fécondité de ressources à la *Quinola*. Harel l'éprouva, lors de la chute de *Vautrin*, qui fut le signal de la sienne. Il dut se retirer. Il se consacra à la littérature. Deux comédies composées par lui, *les Grands et les Petits,* et *le Succès*, obtinrent chacune à l'Odéon une réussite des plus complètes.

A cette époque, Harel se décida à concourir au grand prix d'éloquence de l'Académie française. Le sujet était *l'éloge de Voltaire*. En moins de huit jours, la composition de l'ex-directeur est prête. Il l'envoie; il obtient le prix!...

Tout à coup, cette intelligence si vigoureuse, si lucide, s'obscurcit. Harel faisait un voyage en chemin de fer. Aucun symptôme n'avait annoncé le moindre dérangement de son cerveau. Causant avec l'ami qui l'accompagnait, il le regardait tranquillement. Brusquement, son œil devient vitreux. Des paroles incohérentes s'échappent de sa bouche... Harel était fou! Peu de jours après, il meurt sans avoir recouvré la raison.

Sa lutte incessante avec la pauvreté, ou du moins avec l'insuffisance de ressources, l'avait amoindri dans l'opinion; il était, en réalité, un homme supérieur. La dette, qui l'a écrasé, ayant disparu, il est temps de faire remonter Harel au niveau élevé qui fut incontestablement le sien.

DORMEUIL

Un excellent directeur! Je parle du père... il est vrai que je puis, sans me compromettre, étendre l'éloge au fils...

Dormeuil père avait en horreur *la cascade* qui faisait et fait toujours la fortune du Palais-Royal : sa dignité, un peu prudhomesque, s'en offensait.

La cascade !... on sent ce mot plus qu'on ne le définit. Dans le langage ordinaire, cascade se dit d'une eau tombant de rocher en rocher. Dans le langage théâtral, la cascade dégringole du dialogue d'une pièce comique en ricochant sur la fantaisie de l'acteur. Pour être bon cascadeur, il faut avoir du trait, du jet, de l'éclair. Une cascade trop longue ne valut jamais rien.

Elle résulte du geste, de la physionomie, du silence, ou du bruit, de l'immobilité ou d'une course essoufflée, d'un mot spirituel ou niais, de la continuité d'un même effet ou de l'opposition d'effets divers. Tout lui est également favorable.

Cela, joint à son argot, à ses idiotismes, à ses abréviations, à ses barbarismes, à ses façons grotesques de dire, fait de la cascade l'un des éléments irrésistibles du rire au théâtre.

Le répertoire où cet élément est plus particulièrement acclimaté a, de tout temps, été du goût des hauts dignitaires et même des princes et des souverains. Plus graves sont leurs préoccupations, plus lourds leurs ennuis, plus ils éprouvent le besoin d'y faire trêve pendant quelques instants par la gaieté que provoque une pièce spirituellement cascadeuse.

Ce genre faisait invariablement partie du programme des spectacles de l'empereur, à Plombières.

On disposait son fauteuil, dans la salle, à l'endroit où se met habituellement le chef d'orchestre, et là, placé de manière à ne perdre aucun des jeux de scène des artistes du Palais-Royal, le souverain riait de ce bon rire qui vient si puissamment en aide aux ordonnances du médecin.

Une année, Dormeuil père, redoutant l'esprit fantaisiste de comédiens tels que Grassot, Perez, Luguet, Hyacinthe... réunit son personnel, au début de la saison, et fit, avec une grande dignité, un speech dans lequel il exposa que de « hautes convenances exigeaient la suppression de tout mot, de tout lazzi qui ne serait point d'une correction absolue, et qu'enfin, il fallait renoncer aux *cascades*, quelles qu'elles fussent, sous peine d'amendes sévères. »

Renoncer aux cascades! mais alors, il n'y avait plus de théâtre du Palais-Royal. Les artistes étaient consternés. Perez essaya de raisonner son directeur. « Ne nous enlevez point ce qui fait notre succès! On nous accepte, on nous veut ainsi. L'empereur savait bien à quoi s'en tenir sur notre spécialité, lorsqu'il a demandé vos pièces et votre troupe. Notre genre est passé en force de chose jugée. Laissez-vous fléchir!... » Le directeur maintint formellement son injonction, à laquelle on dut promettre de se conformer.

Fut-ce par l'effet du hasard, ou par suite d'une petite conspiration, que le quatuor d'artistes comiques se trouva quelques moments après devant le chalet impérial? Je laisse au lecteur le soin de résoudre la question. Je me bornerai à dire que les comédiens furent reconnus de loin par un officier de service, M. le prince de La Tour d'Auvergne, qui, les voyant en état d'observation et d'attente, vint à eux, et leur demanda ce qu'ils désiraient.

Luguet mit le prince au courant. M. de La Tour d'Auvergne sourit; il invita les artistes à se rassurer et leur promit de saisir Sa Majesté de l'incident.

Quelques minutes après, le directeur est mandé par ordre. Apprenant cela, Grassot, Perez, Luguet et Hyacinthe s'éclipsent au plus vite, afin de n'être point rencontrés par leur chef. Ils pressentaient que si une volonté supérieure faisait fléchir sa résistance, il ne manquerait pas d'imputer cette contrariété aux réclamations de ses comédiens.

En effet, au bout d'une heure, il les convoquait de nouveau. Rouge, irrité, nerveux, il ne put que leur dire ceci : « C'est bien, messieurs, vous l'emportez... Allez donc, avec cascades! avec cascades, vous entendez! »

Le soir, au théâtre, tout le monde était dans la

confidence. Je laisse à penser quel fut l'effet de cette représentation officielle avec cascades !

Voici quelques notes historiques concernant le théâtre du Palais-Royal.

En 1784, il y avait au Palais-Royal une petite salle de spectacle qu'on appelait *les Beaujolais*, située dans un angle du côté de la rue Neuve-des-Petits-Champs.

Le comte de Beaujolais, le plus jeune des fils du duc de Chartres, avait confié l'entreprise de ce théâtre (où figuraient des comédiens de bois) à Gardeur-Lebrun. En 1785, les comédiens de bois furent remplacés par des enfants.

Marguerite Brunet, surnommée à Bayonne *Hermosa la belle*, et nièce d'une marchande à la toilette, rue Saint-Roch, Mme Montansier, dont elle prit le nom, quittait un petit théâtre qu'elle exploitait à Versailles, rue de Satory, et achetait à un sieur Dormeuil l'entreprise des *Beaujolais*, à laquelle elle substitua le titre de *Théâtre Montansier*.

L'ouverture eut lieu le 12 avril 1790, par *les Époux mécontents*, pièce en quatre actes, de Dubuisson, musique de Salieri, accompagnée du *Sourd, ou l'Auberge pleine*, avec Baptiste Cadet. *Le Désespoir de Jocrisse* vint ensuite. Mlle Mars (Hippolyte) y établit le rôle du *Petit Jocrisse*. Pendant la clôture pascale de 1791, l'architecte Louis agrandit la scène; on y joua la tragédie, la comédie et l'opéra, entre autres *les Précieuses ridicules* mises en musique.

Au foyer de ce théâtre se réunissaient les femmes les plus élégantes de Paris. Dans le salon particulier de Mlle Montansier, on voyait Dugazon et Barras; le père Duchesne et le duc de Lauzun; Robespierre et Mlle Maillard; Saint-Georges et Danton; Laïs et Marat.

Le *Théâtre Montansier* prit ensuite le nom de *Théâtre du Péristyle du Jardin-Égalité*, et peu après celui de *Théâtre de la Montagne*.

La salle du Palais-Royal, qui avait repris le titre de *Variétés Montansier*, fut, en 1798, louée à César, Amiel, Brunet, etc., qui changèrent le genre du théâtre, et fixèrent pour longtemps la foule aux *Variétés*.

En 1807, sur la réclamation du *Théâtre-Français*, les Variétés se virent forcées d'abandonner le Palais-Royal, et se réfugièrent au *Théâtre de la Cité*.

Quant à la salle du Palais-Royal, elle fut exploitée par le célèbre Forioso, sauteur italien, et par les frères Ravel, danseurs de corde; puis successivement par les *Puppi napolitani*, ou *Marionnettes napolitaines*, et par les *Chiens incomparables* qui jouaient la pantomime.

Après les *Chiens*, vinrent les *Jeux forains*, qui n'étaient que les comédiens de bois de *Beaujolais*, restaurés et remis à neuf. — Ils débutèrent en 1810 par un prologue de Martainville, intitulé : *la Résurrection de Brioché*. — On joua une pièce de Bernard-Léon : *la Sœur de la Miséricorde, ou le Spectre vivant*. — Aux *Jeux forains* succéda le *Café-Spectacle* qui devint, en 1815, une arène politique, et prit le titre de *Café de la Paix*, sans doute parce qu'on s'y battait tous les jours. — Le propriétaire de cet établissement était un nommé Valin, qui y amassa une fortune considérable.

En 1830, Dormeuil (Contat Desfontaines) et Charles Poirson obtinrent un privilége pour le *Théâtre du Palais-Royal*. La salle subit quelques transformations, d'après les plans de l'architecte De Guerchy.

Le *Théâtre du Palais-Royal* ouvrit ses portes, le 6 juin 1831, avec *Ils n'ouvriront pas*, prologue de Bayard, Mélesville et Brazier. — La troupe était composée de Samson (de la Comédie-Française, qui créa *Rabelais, ou le Presbytère de Meudon*), de Lepeintre aîné, Philippe, Paul, Derval, Mmes Dormeuil, Zélie-Paul, Toby, et peu après d'Alcide-Tousez, Achard, Levassor, Sainville, Leménil, Ravel, Grassot, Luguet, Mmes Déjazet, Dupuis, Leménil, Pernon, Nathalie, etc.

Dormeuil, resté seul avec Benou, l'administrateur, céda la direction à son fils et à Plunkett, qui, en janvier 1869, s'adjoignirent Adolphe Choler.

CHILLY

Après avoir été, pendant de longues années, acteur d'un certain mérite, Chilly devint directeur de l'Ambigu-Comique. La Porte-Saint-Martin avait remplacé le drame par la féerie, ce qui fit le succès de l'Ambigu : ce théâtre restait le seul asile du drame et des bons artistes qui desservaient ce genre.

De l'Ambigu, où Chilly avait prospéré, il passa à l'Odéon.

En 1872, il reprit *Ruy-Blas* avec Lafontaine dans le rôle créé par Frédérick Lemaître. Cette reprise fut un triomphe. On fêta le succès chez Brébant, où l'auteur avait convié, pour la circonstance, l'administration, les artistes de l'Odéon, et un certain nombre d'amis dévoués et d'admirateurs sincères.

Le mardi, 11 juin de cette année 1872, vers huit heures du soir, Chilly entrait dans la petite pièce d'attente précédant le salon rouge où Victor Hugo faisait fête à ses invités, qui le lui rendaient bien cordialement.

Chilly s'appuyait sur une canne; il m'aperçut, se redressa et vint à moi gaillardement.

— J'ai été très-malade, me dit-il en me serrant la main; comment me trouves-tu?

— Parfaitement, tu as l'œil vif; tu as de longues années devant toi.

— Merci, me dit-il avec reconnaissance.

— Ne me remercie pas; je t'assure que je n'y suis pour rien.

— Dis donc, ajouta Chilly, 400,000 francs de recette!... *Ruy-Blas!*... c'est beau, hein!

— Superbe!

Chilly me serra de nouveau la main, me désigna son fils, beau grand jeune homme qui passait en ce moment, et me quitta en me jetant un regard joyeux et triomphant; puis il entra dans le salon rouge.

Après son départ :

— Il est bien malade, fit observer à voix basse le peintre de talent qui s'appelle Zara. Quelle imprudence d'être venu ici!

— Une imprudence! pourquoi donc?

— Mais parce que depuis quelque temps M. de Chilly est en proie à des attaques de paralysie, et que s'il en survenait une tout à l'heure, au milieu du repas, ce qui n'aurait rien d'impossible, je ne sais pas trop si notre directeur en réchapperait. Quel événement, mon Dieu!

— Oui, répondit un autre peintre, dont je connais et apprécie le grand mérite, autant, sinon mieux que personne... Oui, répondit Chéret, ce serait une épouvantable catastrophe, et cependant que de consolations il y aurait dans une telle mort!

— Des consolations?

— Certes, j'envierais de mourir ainsi, reprit Chéret devenu pensif.

— Oh! quelle idée! dit Zara.

— Eh bien! moi, je comprends Chéret, dit un voisin qui avait écouté la conversation. Voilà un loyal et laborieux directeur, ex-comédien de mérite, dont la carrière, déjà si bien remplie, ne peut que s'achever de la manière la plus prospère et la plus honorable. Malheureusement, il souffre depuis assez longtemps, et il a en perspective une vieillesse maladive. Il vient d'obtenir le plus considérable, le plus littéraire, le plus fructueux succès théâtral de l'époque : il est au comble de tous ses désirs, de tous ses vœux. Ici même, il participe à l'ovation décernée à l'œuvre qu'il a eu l'honneur de faire représenter à l'Odéon. Donc, mourir comme en plein champ de victoire, ne serait pas une fin à dédaigner, et, ainsi que Chéret, je me sentirais disposé à l'envier!

— Allons, vous êtes lugubres, reprit Zara pour conclure. Heureusement que le dîner est servi, et que M. de Chilly se porte assez bien pour aller, comme nous, se mettre à table. Tenez, le voilà.

En effet, Chilly passait en ce moment, appuyé au bras d'un camarade. Nous l'entendîmes murmurer à son oreille les mots sacramentels : « Oui, mon cher, 400,000 francs !... »

Environ une heure après, une nouvelle douloureuse vint arrêter les conversations. On disait que Chilly avait perdu connaissance; chacun se leva avec effarement. Nous vîmes Chilly porté par son fils, par le codirecteur de l'Odéon et par Salvador, secrétaire du théâtre. Il était comme assis sur les bras qui le soutenaient; sa tête s'inclinait en avant sur sa poitrine; le visage avait de la coloration, mais sans excès; les traits point décomposés; les paupières abaissées. L'aspect général était celui d'un homme souffrant qui a la conscience de son état, et qui ferme les yeux volontairement.

Artus, le beau-frère de Chilly, et M. Delafosse se précipitèrent sur les pas du triste cortége. Quelques minutes s'écoulèrent dans une grande anxiété. On vint annoncer qu'un médecin qui se trouvait dans la maison avait déclaré que la chaleur suffocante de la salle du repas était la seule cause d'un événement qui ne faisait présager aucune suite fâcheuse.

On était loin de se douter, alors, que le malade avait été transporté chez lui sans reprendre connaissance, et que le médecin de service à l'Ambigu-

Comique, mandé en toute hâte, ne put que constater un état désespéré, qui, un peu après onze heures du soir, aboutit à la mort !...

Nombre d'autres directeurs pourraient figurer dans cette galerie. Mais je prie le lecteur de ne pas oublier que les présents souvenirs marchent à l'aventure, au gré du caprice et de la fantaisie.

D'ailleurs, une histoire complète des directeurs de théâtres à Paris, depuis Lulli jusqu'à nos jours, ne manquerait point d'intérêt, au point de vue de l'art.

Cette histoire officielle irait jusqu'en 1864, époque à laquelle les priviléges de théâtres ont cessé d'exister (sauf pour les théâtres subventionnés, ce qui est tout naturel).

Quoi qu'il soit advenu, je persiste à préférer la *liberté* industrielle au *privilége* de théâtre ; mais je ne contesterai pas à ce régime un éloge spécial qui lui est dû.

Le plus habituellement, lorsqu'il s'agissait de nommer un directeur, on se préoccupait, sous ce régime, de donner la préférence parmi les concurrents, non pas au plus riche, mais au plus lettré, le tout, bien entendu, sous la réserve de certaines justifications pécuniaires indispensables.

C'est ainsi que la période du privilége pourra

toujours s'enorgueillir d'avoir produit des directeurs instruits et artistes tels que MM. Empis, Duponchel, Roqueplan, Arago, Lireux, Delestre-Poirson, E. Perrin, La Rounat, Montigny, Cormon, Antony Beraud, Cogniard, Ch. Desnoyer, Marc-Fournier.

III

COMÉDIENNES

LES PÈLERINAGES DE Mlle MARS, DURANT LA SEMAINE SAINTE

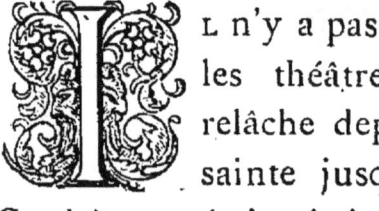L n'y a pas bien longtemps encore que les théâtres subventionnés faisaient relâche depuis le lundi de la semaine sainte jusqu'au dimanche de Pâques. Ce chômage était généralement employé par les artistes à des excursions hors de Paris. A la Comédie-Française, la mode, parmi les sociétaires, consistait à se rendre à la mer. Monrose, par exemple, manquait rarement son petit voyage au Havre. Mlle Mars poussait volontiers jusqu'à Rome.

Comme on n'en était qu'à la chaise de poste pour les trajets rapides, et que le court délai d'une semaine n'eût pas permis d'accomplir le voyage d'aller et de retour, et d'assister aux grandes cérémonies religieuses de Saint-Pierre et du Vatican, Mlle Mars trouvait moyen d'ajouter au congé réglementaire quelques jours d'extra, tant avant les Rameaux qu'après Pâques.

La chronique de l'époque nous a gardé le souvenir de ces pieuses pérégrinations de l'incomparable Célimène. Elle voyageait en compagnie de personnages d'un monde où elle puisait des amitiés illustres, entre autres celle du comte de Mornay, qui fut, au temps de la Restauration, un des hommes les plus distingués et les plus brillants de la haute société parisienne.

C'est lui qui avait fait cadeau à Mlle Mars de la couronne d'or placée dans l'endroit le plus apparent du salon de la comédienne; sur chaque feuille de cette couronne se trouvait inscrit le nom d'un des rôles ayant le plus contribué à sa gloire.

C'est M. de Mornay qui épousa Mme la comtesse de Samoïlof, si célèbre par sa passion pour la musique et par les traits d'originalité que provoqua son dilettantisme. Elle donnait des fêtes splendides aux artistes, dans tous les pays où son caprice la conduisait. A Rome, le ténor David s'apprêtant à jouer pour la première fois le rôle d'*Othello*, reçut de la comtesse un magnifique poignard dont le manche était incrusté de pierreries; à ce présent étaient joints deux superbes cachemires, l'un pour le turban, l'autre pour la ceinture du costume du meurtrier de Desdémone.

A Paris, où la maison de la comtesse était extrêmement recherchée, il fut donné, entre autres fêtes, un bal dont on parla longtemps. C'était un « bal de chiens. »

Mme de Samoïlof avait introduit la mode des King's Charles. Elle en possédait de ravissants. Le bal en question eut lieu pour eux et en leur nom. On adressa des lettres à toutes les notabilités canines du monde aristocratique. Chaque invité ou invitée amenait avec soi son maître ou sa maîtresse qui ne figuraient qu'en seconde ligne. Les honneurs étaient réservés aux quadrupèdes. On leur servit une collation à leur goût, suivie d'un spectacle exécuté par des... chiens savants.

Malgré le mérite de l'intermède, on eut à signaler de nombreuses distractions parmi les spectateurs. De fréquents aboiements purent être interprétés soit comme des procédés d'interrupteurs chagrins ou facétieux, soit comme des témoignages de satisfaction, soit enfin comme l'indice de nécessités diverses. A la fin de l'intermède, on imita ce qui se pratique dans les théâtres : on redemanda les acteurs ; seulement, pour les rappeler, on les siffla.

Pendant l'un de ses voyages à Rome, Mlle Mars eut l'occasion d'entendre parler du succès pyramidal que Fanny Essler venait d'obtenir au Théâtre-Argentine. Mais cet incident trouvera sa place au chapitre suivant.

———

FANNY ESSLER

Les admirateurs de la ravissante danseuse désirant lui offrir un souvenir digne d'elle et digne d'eux-mêmes, avaient ouvert une souscription qui, en moins de quarante-huit heures, atteignit un total de douze mille francs, chiffre auquel un bijoutier en renom avait fixé le prix d'une couronne en or, dans le genre de celle appartenant à Mlle Mars.

L'objet d'art était prêt : au moment où il allait être porté chez la bénéficiaire, les souscripteurs furent pris de scrupules. Ils crurent devoir consulter le pape. Ils demandent une audience. On les admet en présence de Pie IX.

« Très-Saint-Père, dit le chef de la députation, nous avons projeté d'offrir une couronne de douze mille francs à une danseuse sage et pieuse, et douée d'un talent immense. Mais nous ne le ferons que si vous daignez nous accorder votre consentement. »

Douze mille francs! que de bien on ferait aux pauvres avec cette somme ! Voilà, certainement, ce que dut se dire le grand apôtre de l'aumône. D'un autre côté, pourquoi se montrer hostile à une intention qui n'offense ni la morale ni les doctrines de l'Église? Enfin, par quels motifs valables priver une personne méritante d'un honneur et d'une offrande légitimes? Voilà aussi, sans aucun doute, ce que pensa le distributeur de toute justice. La preuve se trouve dans sa réponse :

« Je n'ai à donner ici ni approbation ni consentement, dit-il, mais je n'ai pas non plus à m'opposer à votre projet. Cependant, vous me permettrez de vous faire observer que vous auriez pu être plus heureux dans le choix de votre présent. J'avais toujours cru, dans ma simplicité de prêtre, que les couronnes étaient faites pour la tête et non pour les jambes... »

Fanny Essler reçut la précieuse offrande qui lui était destinée ; mais elle n'oublia point les pauvres du spirituel Saint-Père.

MARIE DORVAL

La gaieté était la compagne habituelle de la grande artiste dans ses excursions en province.

Un jour, son itinéraire théâtral indique une station à Pézénas. — Pézénas? demande Mme Dorval à son parent et ami dévoué, Luguet, l'excellent comédien du Palais-Royal; connais-tu Pézénas? — Parfaitement; charmante société, fidèle au culte de Molière. Tu sais bien : le barbier, le fauteuil... — Quel fauteuil? — Celui de Molière! on le conserve religieusement. — Ah! et le barbier? — On en parle toujours. — Alors, voici la composition de notre premier spectacle : une comédie en prose de Molière, et ensuite *Phèdre*. — Bonne affiche pour un public lettré.

Le jour de la représentation, arrive à l'hôtel de Mme Dorval un grand dadais vêtu d'une livrée beaucoup trop courte pour lui. Il se fait conduire devant l'artiste; il la regarde avec un certain ahurissement. Puis, quand il s'est remis : — C'est-il vous, dit-il, qui vous montrez ce soir à la comédie? — Oui, mon garçon, c'est moi. — Bon, alors, ayez la bonté de m'apprendre si c'est des verres que vous jouez? — Comment! des vers? — Mais, dame! oui. Parce que, voyez-vous, mon maître, pour qui je viens, a dit comme ça que si c'était des verres, il ne se dérangerait pas. — Ah! il ne se dérangera pas si... — Non, madame, il me l'a répété. Alors qu'est-ce qu'il faut que je lui dise? — Eh bien, mon ami, dites-lui qu'il peut se déranger, parce que les vers... — Oui, les verres? — Eh bien, ce matin, à la répétition, on les a tous cassés. — Cassés! v'là qui fera joliment son affaire. Pour sûr, vous le verrez tantôt. Merci, madame, et bien le bonjour.

Une autre fois, Mme Dorval ayant traité avec le directeur de Cette pour quelques représentations d'*Angelo*, vint au théâtre, à l'effet de se rendre compte de la troupe avec laquelle elle devait jouer. Les artistes se tenaient au fond. Le directeur, empressé et gracieux, s'apprête à les appeler et à les présenter. D'un coup d'œil, en entrant, Mme Dorval avait jugé qu'elle avait affaire à de pauvres diables recrutés à la hâte et au rabais.

Le directeur commence : — Le podestat ? où est le podestat ? — Présent ! dit en s'avançant un gros homme, doué d'une rotondité phénoménale.

— Ah ! c'est vous le podestat ? demande Mme Dorval, en inclinant la tête comme pour saluer, mais en réalité pour cacher une forte envie de rire.

— Oui, madame.

— Eh bien, cher monsieur, en vous voyant, les spectateurs doivent se dire que les podestats de ce temps-là se portaient joliment bien... Mes compliments !

— Ah ! madame... je suis flatté !

— A un autre, s'écrie le directeur. Voyons : la Catarina ! où est la Catarina ?

— A côté de toi, mon ami, répond une voix timide.

La Catarina se montre à Mme Dorval... Que l'on

imagine une petite femme avec un abdomen rappelant celui du podestat ! — Ah çà ! mais ils en ont la spécialité ! dit Mme Dorval tout bas à Luguet.

— Le directeur n'avait pas entendu, mais il avait deviné.

— Madame Dorval, je saisis votre pensée... c'est à cause de certaine rotondité que... Mais madame a le droit... cela lui est permis, et le public tolère, bien plus il approuve, car madame est dans un état légitime... En un mot, c'est ma femme.

— Oh ! monsieur, mais certainement... Cependant, la Catarina est une ingénue... ne pensez-vous pas que le rôle exigerait, pour l'œil, pour l'œil seulement... car, en ce qui concerne le talent, je ne doute pas...

— Ne craignez rien, madame, je réponds de tout. Depuis quelques mois, le public est habitué à voir ma femme dans un état... progressif. Nous avons beaucoup de mères de famille. Elles font la part des circonstances; elles se prêtent à l'illusion, et, d'ailleurs, ma femme joue très-bien Catarina ; vous verrez !

Mme Dorval ne paraissait pas convaincue. Le directeur se rapprocha d'elle, et parlant à voix basse :

— Enfin, madame, si vous refusiez ma femme, la représentation ne pourrait avoir lieu, et nous mourrions tous de faim !

— Oh! monsieur, jouons, jouons bien vite, s'écrie Mme Dorval émue.

Le lendemain, la salle était pleine; on pouvait, sans remords, recommencer à rire un peu.

La Tisbé eut de la peine à se contenir lors de l'entrée de Catarina, au second acte. Dans le troisième, la directrice, bientôt maman, se met à dire avec l'ingénuité de son rôle : « ... Mon Dieu ! j'ai aimé un homme, mais je suis pure !... »

A quoi *Angelo* répond : « Je ne vous crois pas, madame ! »

La *Tisbé* (à part) : « Je la crois, moi ! »

La situation était vraiment si comique eu égard à la grossesse avancée de la Catarina, que Mme Dorval employa ce qui lui restait d'empire sur elle-même à ne pas éclater en scène ; mais, rentrée dans la coulisse, elle fut obligée de s'asseoir sur le plancher, afin de rire tout à son aise.

L'histoire de *Chatterton* avant la représentation de cette pièce, en février 1835, fut remplie d'incidents curieux et peu connus de la génération actuelle.

Au sortir de la lecture, l'administrateur de la Comédie-Française s'empara de l'auteur resté calme au milieu des émotions qu'il venait de susciter. Il l'emmena dans son bureau, le pria de se reposer un moment, et le regardant avec satisfaction : — Ah !

monsieur de Vigny! quel beau succès!... En vérité, Mlle Mars sera très-bien dans Kitty Bell!

M. de Vigny froidement : — Mais ce n'est pas à Mlle Mars que je destine le rôle. — Comment! ce n'est pas... mais à qui donc? — A Mme Dorval! elle y sera magnifique! — Cette réponse jeta dans la stupeur l'interlocuteur de M. de Vigny.

Pour bien comprendre la situation, il faut se rappeler l'antagonisme extrême qui existait alors entre la Comédie-Française, représentant la saine tradition classique, et le théâtre de la Porte-Saint-Martin, où les romantiques préludaient à leurs grandes tentatives littéraires, réputées alors révolutionnaires et corruptrices.

Comme comédiennes, Mlle Mars et Mme Dorval portaient, l'une le drapeau de l'école classique, l'autre l'étendard du romantisme. Mlle Mars régnait en souveraine, habituée au cérémonial, à l'étiquette ou à la courtisanerie. Mme Dorval escaladait son trône populaire avec la crânerie du talent et avec l'impétuosité de l'inspiration.

Préférer hautement, dans l'intérieur de la Comédie-Française, Mme Dorval à Mlle Mars, c'était donc commettre un crime de lèse-majesté... Mais M. de Vigny s'était prononcé, et il ne revenait pas volontiers sur la décision qu'il avait prise.

L'incident fit du bruit... Heureuses, — quoi qu'on dise, — les époques où les révolutions de théâtre sont les seules qui absorbent l'attention et qui excitent les passions ! Celles-ci se déchaînèrent par suite du parti pris de M. de Vigny. La haute société, le monde officiel, le roi lui-même, se déclarèrent en faveur de Mlle Mars. Alfred de Vigny tenait pour Mme Dorval, et il s'en expliqua catégoriquement avec le ministre de l'intérieur, à qui ressortissaient alors les théâtres. Il le quitta un jour en lui disant pour la troisième ou quatrième fois : « Mme Dorval sera magnifique ! »

Quelque temps après, le préfet de la Seine donnait un grand bal à l'Hôtel de ville. La fête devait être honorée de la présence du roi. On avait eu soin d'adresser une invitation à M. de Vigny : il vint sans redouter le moins du monde les obsessions dont la grande influence de Mlle Mars pouvait le rendre l'objet.

Dans le cours de la soirée, le roi arrêta ses yeux sur un groupe dont M. de Vigny faisait partie. Il surprit ce regard, et l'interprétant ainsi qu'il y avait lieu de le faire, il alla respectueusement au devant de S. M. Louis-Philippe.

Accueil charmant du roi. Après une courte conversation sur des sujets divers, il fallut en venir à la question à l'ordre du jour.

— Eh bien ! monsieur de Vigny, la grosse affaire de *Chatterton* est-elle enfin arrangée ?

— Complétement, sire.

— Ah! vraiment; vous ne pouvez vous douter du plaisir que vous me faites! Savez-vous que cela devenait une question de cabinet?

— Oh! sire!

— Ainsi, c'est arrangé! Comment se fait-il que le ministre l'ignore? Ce matin il me disait que Mlle Mars était encore venue réclamer. En définitive, je crois, mon cher comte, que vous avez pris le meilleur parti. Mlle Mars est admirable.

— Sire, c'est mon avis.

— N'est-ce pas?... Vous verrez, vous verrez comment elle jouera votre rôle de...

— Pardon, sire, je ne verrai pas cela, par la raison qu'elle ne le jouera pas... J'ai toujours destiné ce rôle à Mme Dorval, qui...

— Qui y sera magnifique, interrompit le roi en souriant, c'est votre mot :, le ministre me l'a rapporté. Eh bien, cher monsieur de Vigny, l'intervention officielle n'a rien à prétendre en ceci. Agissez suivant votre volonté. C'est le droit de l'auteur et vous l'exercerez comme il vous plaira. Je vous souhaite sincèrement un grand succès.

— Sire, vos souhaits nous porteront bonheur, dit M. de Vigny en s'inclinant sur la main qui lui était amicalement tendue.

Il courut chez Mme Dorval. D'une voix moins calme que d'ordinaire : « Kitty Bell, s'écria-t-il, venez répéter demain à la Comédie-Française! »

Ce soir-là on se félicita : l'on vit tout en beau ! Les tribulations n'étaient pas finies !...

Lorsque Mme Dorval se présenta au théâtre, elle fut accueillie par les sociétaires avec cette politesse froide qui est la pire des impertinences. La *dramaturge*, comme on l'appelait dans la maison de Mlle Mars, avait fait provision de patience. Son mari, M. Merle, l'un des rédacteurs les plus distingués de *la Quotidienne*, l'avait suppliée de se contenir, quoi qu'il pût arriver.

Les répétitions furent menées avec lenteur. On paraissait croire, dans les coulisses, que la pièce ne se jouerait jamais, au moins dans ses conditions actuelles de distribution. Ce qui contribuait à entretenir de telles idées, c'était l'hostilité de quelques journaux contre Mme Dorval, notamment celle du *Courrier des Théâtres*, dirigé par le fameux Charles Maurice.

Merle, donnant l'exemple de la modération, répondait courtoisement aux attaques. Un jour, on reprocha à Mme Dorval « l'audace qu'elle avait de se comparer avec Mlle Mars ! » — Merle releva la phrase agressive en disant malicieusement : « Que Mlle Mars se console ! on a aussi l'*audace* de comparer Napoléon à Alexandre et à César, et il a eu la grandeur d'âme de ne pas s'en offenser. »

Malgré tout, on répétait. La pièce finit par prendre tournure : seul le dénoûment n'était point réglé. On levait la répétition au moment de la mort de *Chatterton.* « On arrangera cela, » disait-on ; et l'on n'arrangeait rien.

Un jour que l'on s'arrêtait précisément à cet endroit, Mme Dorval, depuis un moment pensive, s'approcha de son auteur :

— Monsieur de Vigny, voulez-vous me permettre de vous faire part d'une idée que j'ai ?

— Comment donc ! parlez, ma chère Kitty Bell.

— Eh bien, pour terminer la pièce, je verrais un grand escalier tournant, qui conduirait à la chambre de Chatterton.

— Un escalier ! s'écria Joanny qui remplissait le rôle du quaker, et qui, tout dévoué à Mlle Mars, donnait à Mme Dorval des répliques d'un air pincé, un escalier tournant à la Comédie-Française ! Ah ! par exemple !.

— Pardon, pardon, interrompt M. de Vigny ; laissez Mme Dorval achever sa pensée.

— Voyez-vous, continue l'actrice qui ne s'occupait que de l'effet dramatique... je monte lentement... et gravement ; j'arrive à la porte de Chatterton. J'aperçois son corps inerte... Je pousse un cri ! Comme frappée par la foudre, je me jette à la renverse sur la rampe de l'escalier ; je glisse, évanouie, jusqu'à la dernière marche, et là, je tombe sur le plancher.

— Très bien ! parfait ! je vous comprends, madame, dit Alfred de Vigny enchanté. Allons demander l'escalier!

Le poëte offre son bras à l'artiste et les voilà partis, laissant Joanny dans une stupéfaction profonde. Il s'éloigne à son tour en murmurant avec indignation : « Un es-ca-lier, comme dans *Robert-Macaire!* »

Il fut décidé qu'il y aurait, dans *Chatterton*, un escalier tel que Mme Dorval l'avait rêvé. Que de quolibets accueillirent cette innovation! C'était le sujet des plaisanteries courantes! « Quand verra-t-on l'escalier? Est-il arrivé l'escalier? » En disant cela, on riait beaucoup.

Quant à Joanny, il riait, mais en dedans. Il était, avec Mme Dorval, dans leur travail de répétitions, d'une conscience et d'une complaisance parfaites, mais étudiées. Il voulait ce qu'elle demandait. « Oui, madame! Bien, madame! Vous désirez que je sois à gauche, me voilà à gauche. »

C'était irritant!

Au moment de la mort de Chatterton, comme l'escalier manquait, Mme Dorval se bornait à remonter le théâtre pour figurer le temps qu'elle aurait employé, si elle avait eu des marches à monter; elle poussait un petit cri, pour simuler la mise en scène réelle; ensuite elle redescendait.

Joanny regardait Mme Dorval avec une contrariété qu'il s'efforçait de retenir, puis, poussant une sorte de soupir, il achevait son rôle.

Enfin, l'escalier fut mis en place, dans le décor du dernier acte. Chacun s'introduisit dans les coulisses, pour observer « l'objet » et le critiquer. On attendait curieusement l'instant où Mme Dorval gravirait les marches et les descendrait. Lorsque vint la réplique, Kitty Bell enroula autour de ses jambes les volants de sa robe, monta tranquillement l'escalier, s'arrêta sur le palier du haut, poussa le petit cri habituel, redescendit non moins tranquillement, et vint se poser, ainsi qu'elle l'avait fait précédemment, devant Joanny dont le binocle s'agitait dans sa main.

— Eh bien, madame, c'est tout?

— Mais oui, monsieur.

— Vous savez que nous jouons bientôt et vous ne voulez point montrer ce que vous ferez.

— Non, monsieur Joanny. Considérez, je vous prie, que cela me regarde toute seule. Rapportez-vous-en donc à moi.

Joanny fit un grand salut et partit en haussant les épaules.

Le jour de la représentation, Mme Dorval ne vit absolument personne. — De bonne heure, elle se rendit au théâtre et s'enferma dans sa loge. Elle n'en sortit que pour entrer en scène.

Elle y fut la femme que le poëte avait rêvée : « Mélancolique, gracieuse, élégante par nature, réservée, religieuse, timide dans ses manières, trem-

blant devant son mari; — expansive et abandon-
née seulement dans son amour maternel... Sa
pitié pour *Chatterton* va devenir de l'amour ; elle
le comprend, elle en frémit... » Elle doit en mourir !

Mme Dorval exprima ces nuances diverses de caractère et de sentiment avec tant d'âme, de chas-
teté, de sobriété, et en même temps de passion
fatale, que le public se sentit subjugué, vaincu,
dès les premières scènes. Bientôt il ne resta plus
d'opposants : il n'y eut que des enthousiastes...

Arrivons, sans transition, au dénoûment : à la
« scène de l'escalier. »

Chatterton a déclaré à Kitty Bell qu'il allait
mourir. Il n'a pas craint d'ajouter qu'il se savait
aimé d'elle : il peut parler ainsi, car c'est un mort
qui parle !...

Vivement il monte l'escalier qui conduit à sa
chambre ; il s'y enferme. Le quaker se présente ;
Kitty Bell l'envoie à Chatterton. Elle-même, après
un effort, se décide à suivre le quaker. Elle gravit,
en chancelant, les marches de l'escalier. La voilà
parvenue en haut, devant la porte. Cette porte a
été refermée : Kitty Bell fait effort pour la tirer à
elle... la porte s'ouvre... Chatterton est mourant !
Alors...

Non, jamais cri plus déchirant que celui de
Mme Dorval n'est sorti d'une poitrine humaine !

Kitty Bell tourne du côté du public son visage empreint de terreur et de douleur...

Elle recule, le dos à la rampe. Cet obstacle l'arrête et semble lui imprimer un choc qui la plie en deux ; la tête et une partie du corps se renversent dans le vide, les reins se maintiennent sur la rampe, les jambes sont pendantes, du côté des marches. Aucune contraction musculaire ne retenant plus ce pauvre être inerte, il glisse rapidement ; il parvient au bas de l'escalier, et là tombe comme un oiseau blessé.

Je ne crois pas que l'on puisse citer un effet de théâtre plus saisissant et mieux réussi que celui-là ! La salle resta suffoquée par l'émotion ; un tonnerre d'applaudissements succéda à ce triomphant silence d'un instant.

Je laisse à penser si, au baisser du rideau, Mme Dorval fut frénétiquement rappelée !

Pourtant, elle ne reparaissait pas. Pourquoi cela ? Que se passait-il sur la scène ! Eh ! mon Dieu, nul, parmi les artistes présents, ne pensait à offrir sa main à Mme Dorval pour présenter au public l'actrice acclamée...

Elle, trop enivrée pour se plaindre, pour récriminer, aperçoit dans les coulisses les deux petits enfants de la pièce, craintifs et heureux à la fois, à cause du grand tapage qui avait lieu en l'honneur de leur maman. Elle court à eux, les embrasse ardemment, les prend par les mains, et, ainsi escortée, elle entre en scène. Tous les trois, palpitants, saluent le public et le remercient.

En voyant ces petits enfants et cette vaillante femme qui, par une inspiration du cœur, associait la tendresse maternelle à la gloire de l'artiste, il y eut dans la salle un véritable délire! On trépignait, et même l'on pleurait!...

Ce n'est pas tout. Voici un épilogue que nous nous estimons heureux d'avoir à reproduire.

Après de telles ovations, qui ouvrent les joies du ciel, il faut que la comédienne redevienne une simple mortelle, et... qu'elle aille se déshabiller. Comme Mme Dorval gagnait vivement sa loge, dans cette intention prosaïque, elle trouve une foule nombreuse réunie devant la porte. Joanny était en tête. Il s'avance au-devant de Mme Dorval.

Un tremblement nerveux agitait tout son corps. Des larmes roulaient dans ses yeux.

— Madame Dorval, dit-il d'une voix très-émue, je vous avais méconnue. Je vous demande pardon... Tout à l'heure, j'étais tellement troublé, que je n'ai songé à rien si ce n'est à venir vous attendre ici... Oui, vous êtes une grande artiste! Encore une fois je vous demande...

Mme Dorval ne le laissa pas achever. Elle lui mit la main sur la bouche, et se jeta dans ses bras...

SARAH FÉLIX

La carrière de notre chère regrettée Sarah Félix eut trois phases caractéristiques. La première, celle de l'enfance, fut une période de misère. La seconde, celle de la jeunesse, a été consacrée au théâtre, avec succès. La troisième, celle de l'âge mûr, appartient à l'industrie.

Cette période est marquée par une grande suite dans les idées, par des conceptions hardies autant qu'heureuses, par la souplesse et le ressort des temps de bohème, unis à un travail méthodique et soutenu. La régularité et la probité commerciales de Sarah Félix étaient choses reconnues ; sa parole valait celle d'un honnête homme.

De son enfance, un souvenir qu'elle se plaisait à nous rappeler, est celui-ci : Elle se voyait, à l'âge de sept ans, sur une grande route, assise au pied d'un talus de gazon. Près d'elle était sa petite sœur Rachel, la future gloire de la Comédie-Française... On chargeait Sarah de veiller sur Rachel, plus jeune qu'elle de quelques années. M. et Mme Félix, le père et la mère des enfants, les avaient mis en ce lieu, en leur recommandant d'être sages et tranquilles, tandis qu'ils allaient parcourir le faubourg voisin : ils exerçaient le métier de colporteurs.

La petite Rachel se plaignait. Elle avait faim ;

disons bien vite qu'elle avait faim de gâteaux ; elle en avait vu de très-appétissants le long d'une boutique peu éloignée. Elle ne les apercevait plus, mais elle y pensait.

Sarah comprenait sa sœur. Mais comment se procurer des gâteaux ? Pas un centime dans les poches !... D'abord, les poches manquaient. La maman se bornait à coudre à la ceinture les mouchoirs, qui se trouvaient ainsi à la portée de la main, sans danger de se perdre. Rachel pleurait de plus en plus fort. Des passants s'arrêtaient et demandaient la cause de ces larmes. A leurs questions, les pleurs se tarissaient aussitôt, et Sarah souriait : on s'éloignait en étant rassuré.

Alors Sarah eut une idée : elle se mit à chanter. Par imitation, Rachel mêla sa voix à celle de sa sœur, ainsi qu'elle avait coutume de faire. Elles ne s'interrompirent point lorsque les allants et venants vinrent écouter et regarder ces deux gentilles petites créatures.

Enhardie par l'air bienveillant de l'auditoire, Sarah s'avisa de tendre son petit panier. On comprit, et l'on y déposa quelque menue monnaie. Rachel avait baissé la tête ; elle rongeait un coin de son mouchoir, durant l'audacieuse tentative de sa sœur.

La collecte terminée, Sarah fit un beau salut à la compagnie, et, prenant Rachel par la main, elle l'aida à se relever. Puis les deux enfants se mirent à courir, de toutes les forces de leurs petites jambes, vers la marchande de gâteaux.

Sarah Félix est morte à Paris, le 11 janvier 1877, à quatre heures de l'après-midi.

Elle s'est souvenue de quelques amis qui ne l'oublieront jamais!...

DESCLÉE

Ce que Mlle Desclée excellait à traduire, ce n'était pas tel personnage plutôt que tel autre, la princesse Georges de préférence à lady Asley : ce qu'elle exprimait dans la perfection et d'instinct, avec sa parole vive ou ralentie, éclatante ou voilée par la passion ; avec ses silences éloquents, avec ses intelligents mouvements de tête, d'épaules, de bras, de mains ; avec des regards ou directs ou obliques, ou profonds ou mornes ; enfin avec des éclairs... c'est la femme! — non pas un type général, absolu, mais bien la femme d'aujourd'hui, du moment, de l'heure.

Elle était à la fois Française, Anglaise, Américaine, Espagnole, car elle avait les grâces, l'esprit, le système nerveux irritable, inconsistant, dominateur et fin de la première, en même temps la solidité morale, positive de l'Anglaise, et les grands sentiments d'honneur d'une Castillane.

Chaque spectateur pouvait trouver en elle les aspects, les reflets du type qu'il préférait. Pour moi, j'aimais à la voir, surtout lorsqu'elle avait à lutter contre un sceptique ou un irrité soutenant que la femme est quelque chose de surfait qu'il faut amoindrir et abattre! Elle ripostait avec une prestesse merveilleuse; en se défendant, elle défendait toutes les femmes. Au contraire, son interlocuteur était-il un timide, un délicat, un tendre? elle avait pour lui des trésors d'indulgence, de grâce et de bonté, véritables supériorités de la femme. Quant à l'amour, elle en jouait comme un chimiste fait avec certaines substances terribles destinées au bien de l'humanité et qui tuent parfois le préparateur.

Mlle Desclée parcourait cette gamme variée et elle l'accidentait de soudainetés ravissantes. C'était tellement complet, tellement réussi, que je ne sais point comment elle aurait pu se surpasser. Mais précisément parce qu'elle réalisait la vérité dans sa plus riche et plus parfaite expression, il n'y avait pas à redouter que l'artiste produisît de la lassitude ou de la satiété. On ne se lasse point, on ne se rassasie jamais de la nature.

Mais, mon Dieu! combien elle a souffert avant de mourir!

CLARISSE MIROY

La place occupée par Clarisse Miroy, au théâtre, avait été très-importante au commencement de sa carrière artistique. Est-il quelqu'un, parmi les contemporains, qui ne se souvienne de la jeunesse brillante, de l'ingénuité et de la beauté de Clarisse Miroy, lors de ses débuts au théâtre de la Gaîté, dans Marie de *la Grâce de Dieu*? C'était alors une créature mignonne et d'un charme adorable, ce qui doit sembler bien peu vraisemblable à ceux qui ne la connurent qu'avec ce florissant embonpoint dont l'aspect seul déterminait le rire.

Cet embonpoint, si comique, tenait à des causes morbides que j'aurais été loin de soupçonner, et qui m'ont été indiquées par le médecin dont elle a reçu les soins, en dernier lieu, dans une maison de santé de l'avenue du Roule.

Il paraîtrait que c'est à une maladie de cœur, dont elle ressentit les premières atteintes vers l'âge de seize ans, qu'elle dut de changer brusquement une dizaine d'années plus tard. Chose cruelle! à mesure qu'elle subissait, par la lente décomposition du sang, l'envahissement d'une boursouflure inguérissable, elle se voyait dans l'obligation de modifier son tempérament d'artiste.

Une voix douce quoique bien timbrée, un jeu

fin, distingué et correct ; par-dessus tout une sensibilité exquise, semblaient la destiner à remplir jusqu'à soixante ans, comme Mlle Mars, les jeunes rôles de sentiment et de larmes. Mais pour cela il aurait fallu rester maigre ! En devenant trop grosse, elle ne pouvait plus faire pleurer... qu'à force de rire !

Elle le comprit si bien, la pauvre femme, qu'elle n'eut désormais qu'un souci : travestir ses qualités naturelles. Elle enfla sa voix ; elle s'étudia à exagérer les effets cascadeurs à la mode ; bref, elle se prit elle-même en charge, elle s'immola dans les rôles de caricatures.

C'est sous cet aspect que la génération nouvelle l'a vue et applaudie. Mais cette Clarisse-là n'était point la vraie. Aussi combien elle souffrait ! Que de fois, — rentrant dans la coulisse après une scène grotesque où elle venait d'avoir du succès, — elle se mettait à pleurer douloureusement ! Si on la surprenait au milieu de ces larmes, et si on la questionnait, elle s'essuyait vivement les yeux, et s'efforçait de sourire, en prétextant une migraine, ou en donnant quelque autre raison banale. Mais ceux qui la connaissaient bien ne s'y trompaient point. Ils savaient tout ce qu'il y avait de chagrins et d'amertumes dans cette nature d'élite détournée de sa voie par un embonpoint peu poétique.

Au surplus, gaie par intervalles, et d'une incroyable ardeur au travail; active plus qu'on n'aurait pu s'y attendre, elle allait, venait, organisant des représentations, jouant, répétant à Paris, et l'heure d'après, courant administrer des troupes départementales, le tout, hélas! sans grand avantage pour sa fortune.

Elle est morte, faisant des projets d'avenir. Elle avait promis, un soir, d'être en état de descendre, le lendemain, à la table des convalescents, pour les égayer avec une de ces fines et spirituelles gaudrioles qu'elle chantait si bien en petit comité. Le lendemain vint; elle n'était pas là!...

Clarisse Miroy appartenait à cette vaillante et généreuse race d'artistes qui tend chaque jour à disparaître.

SUZANNE LAGIER

De l'esprit à l'emporte-pièce, tout le temps... Prodigieusement douée, Suzanne Lagier joue la comédie, compose, chante, et au besoin elle met en scène ainsi qu'on va le voir.

Amie de la famille de M. Dufriche, un jeune ténor d'avenir, elle se préoccupait de la façon dont le nouveau Jupiter établirait ce rôle que l'on venait de lui distribuer dans *Philémon et Baucis*. Elle était sûre de son chant, mais elle voulait juger le comédien.

La démarche, les gestes, les attitudes de Jupiter furent loin de la satisfaire. Elle se contenait cependant ; bientôt, à bout de patience, et cédant à l'inspiration, comme la pythonisse : « Ce n'est pas ça, mon cher ami, dit-elle impérieusement au cours d'une répétition, et je vais... Oh! pardon, reprit-elle aussitôt, je me permets des libertés!... »

— Parlez, parlez, lui fut-il répondu de tous côtés.

Ainsi encouragée, Mᵐᵉ Lagier se livra à ses élans artistiques. Après quelques indications sommaires, elle se mit à détailler le premier grand air de Jupiter : « Eh! quoi! parce que Mercure, » etc.

— Rendez-vous bien compte de la situation, mon cher Dufriche. Jupiter raille Vulcain et l'irrite en lui parlant de sa jalousie. Eh bien, lorsque votre chant fait allusion « aux souris de Cypris, » il faut sourire vous-même et prendre un air gracieux, au lieu d'avoir une physionomie sévère. Mais ne nous arrêtons pas à ce détail. Venons à la strophe suivante, où le maître de l'Olympe plaisante encore Vulcain au sujet de la légèreté de Vénus... Y êtes-vous?

— Parfaitement.

— Il y a là une description, en quelques vers, de la naissance de la Mère des Amours. Cette description exige une petite pantomime imitative. Or, vous ne mimez rien : vous restez presque immobile. A votre place, voilà comment je m'y prendrais. Les vers disent : « Sur le flot mouvant, j'ai fait éclore un jour la reine de Cythère... » Comme accompagnement à ces paroles, j'abaisserais le bras droit vers le plancher du théâtre, pour indiquer la mer, et Vénus à sa naissance. Le bras se relève graduellement, afin d'exprimer que l'apparition grandit et s'élève aussi.

— Très-bien ! s'écrie-t-on autour de Lagier. Elle remercie d'un regard, et continue :

— Jupiter a donc fait éclore la reine de Cythère ; il ajoute : « Dans un flocon d'écume entraîné par le vent. » Par un vaporeux mouvement de la main, vous indiquez l'écume légère : vous ramenez le bras, vous le pliez un peu, et, le détendant ensuite avec une impulsion donnée à l'extrémité des doigts, — comme cela, tenez — vous faites comprendre à la fois et le flocon d'écume et la brise qui l'emporte.

Essayons ce jeu de scène.

Et M. Dufriche d'imiter avec tout le zèle possible les gestes de l'intelligente comédienne...

Au troisième acte, Jupiter veut se convaincre que Baucis, rajeunie par lui, est réellement charmante; Vulcain la lui indique dans la coulisse; Jupiter ayant regardé, dit : « Oh ! oh ! » et son confident répond : « Ah ! ah ! » — M. Dufriche reproduit exactement ce qui est indiqué dans le rôle.

— Eh bien ; c'est tout ? demande Lagier.

— Sans doute, voyez la brochure.

— C'est vous que je vois, et nous n'y sommes plus. Mais, mon cher ami, il y a là... un monde ! suivez-moi bien. Jupiter, en apprenant que Baucis est extrêmement jolie, doit exprimer la curiosité du Dieu aux caprices légendaires ; son œil glisse du côté de Baucis un fin regard de connaisseur. A ce regard succède une sorte d'étonnement, suivi de satisfaction. Autre regard plus scrutateur que le premier : de l'ensemble, il passe aux détails. Alors, édifié sur ce qu'il a vu, Jupiter se retourne vers Vulcain, et lance le « Oh ! oh ! » du poëme. Ce « Oh ! oh ! » équivaut au clapement de langue d'un buveur charmé de sa dégustation ; quant aux « Ah ! ah ! » de Vulcain, je n'ai rien à dire, puisque ce n'est pas vous qui jouez le rôle... Allons, reprenons... »

Et l'on reprit si bien cette scène, et d'autres, que M. Dufriche eut ce que l'on appelle « beaucoup d'agrément » dans son rôle de Jupiter.

Mlle JEANNE GRANIER

Mlle J. Granier est toute jeune, cela se voit. Le meilleur de son talent est fait de grâce et d'ingénuité. Elle a un cœur bon et prime-sautier. Le public sent cela d'instinct, ce qui fait qu'il s'attache tout de suite à cette mignonne, pour le charme d'enfant qui se dégage de sa personne, non moins que pour ses mérites dans le chant et la comédie.

On n'ignore point que sa mère, Mme Irma Granier, a été une bonne actrice du Vaudeville. Ce qui est moins connu, c'est la prévision sage, et l'inflexibilité dans la ligne de conduite, avec lesquelles elle présida à l'éducation de sa fille. Par conséquent, mère affectueuse et on ne peut plus dévouée.

Dès le principe, elle avait décidé que Jeanne serait musicienne et cantatrice, si l'organe s'y prêtait. Ce n'était point le goût de l'enfant. Aussi quelle répugnance à prendre les leçons de piano et de chant sous les yeux maternels! Que de punitions encourues pour négligences, inattentions, fautes et... mauvaise humeur!

L'éducation musicale, à la maison, fut interrompue, non sans un vif contentement de Jeanne, par son entrée dans un excellent pensionnat dont la maîtresse s'attacha de jour en jour davantage à son élève...

Elle grandit là, et s'instruisit, sans négliger la musique.

Quand vint l'heure de la sortie définitive, ce fut un deuil général dans la maison d'éducation. Les maîtresses, les élèves et Jeanne pleuraient à qui mieux mieux. On se consola en échangeant vingt fois la promesse de se revoir. Enfin, à la minute suprême du départ, Jeanne fit naître le sourire au milieu des larmes, lorsqu'il lui prit l'idée d'inviter à ses premiers débuts sur un théâtre, sa chère maîtresse et ses bien-aimées camarades.

On n'y croyait pas à ce moment-là. Mme Irma Granier y songeait.

Elle présenta sa fille à Jacques Offenbach qui l'engagea, pour ainsi dire « au jugé, » car il l'entendit à peine dans une audition sommaire.

On ne l'utilisait guère, à la Gaîté. Elle pouvait demeurer longtemps dans son obscurité ; mais sa destinée était écrite. — Un jour Mme Théo, qui faisait florès dans la *Jolie parfumeuse,* tombe malade ! De ruineux relâches étaient imminents, lorsque Mlle Jeanne Granier se présenta à moi. Elle savait le rôle ; elle le joua ; elle réussit au delà de toute espérance.

Parmi ceux qui l'avaient remarquée, se trouvait M. Ch. Lecocq. Il se met en rapport avec elle ; il s'intéresse à cette enfant ; il apprécie ce qu'elle vaudra quelque jour prochain. Bref, il ne veut plus d'autre ingénue qu'elle, pour les ouvrages qu'il destine à la Renaissance.

J'engage Mlle Jeanne, et elle est chargée d'emblée du rôle de *Giroflé-Girofla*. On se rappelle le succès qu'elle obtint.

Sait-on pour qui furent les premiers billets de faveur qu'elle demanda ? — Pour sa maîtresse de pension, et pour les *grandes*. La maîtresse avait promis de venir : elle dut s'exécuter. Entre nous, elle était bien heureuse, quoiqu'elle ne voulût pas en avoir l'air. Elle avait eu connaissance des triomphes de Jeanne. Aussi, le soir de la représentation, quelle joie ! quelle admiration ! « Comment c'est elle, disaient les grandes ; c'est notre petite Jeanne ! Est-elle applaudie, fêtée ! Comme elle est gentille ! On n'aurait jamais pu croire qu'elle chanterait si bien ! » — Et ceci, et cela : des oiseaux gazouillant !

La maîtresse, toute ravie qu'elle fût, gardait des scrupules au fond de sa conscience. Aller au théâtre, c'était un péché très-véniel sans doute dans le cas présent... Enfin, c'était un péché ! Elle se rassurait en disant : « Dimanche prochain, Jeanne viendra avec nous à l'office ; elle fera ses prières accoutumées avec sa foi et son abandon naïf, et, bien vite, le pardon sera envoyé d'en haut à tout notre petit monde agenouillé... et à moi aussi, je l'espère ! »

Voilà où en était Mlle Jeanne Granier lorsque nous nous sommes quittés.

Elle a grandi en talent, en renommée. C'est donc une carrière bien et brillamment assurée. Mais il est dans le cours des choses de ce monde que la célébrité fasse pâlir l'ingénuité, comme le soleil, en montant à l'horizon, fait pâlir les teintes roses de l'aurore!

IV

COMÉDIENS

FRÉDÉRICK LEMAITRE

'est sous mon régime de directeur que Frédérick Lemaître créa *Paillasse* à la Gaîté. Je ne l'ai plus retrouvé ensuite que de loin en loin, bien que nous fussions restés bons amis.

La dernière fois que je l'ai applaudi comme comédien, c'est lors de la représentation d'un drame intitulé : *le Portier du n° 15*. Le grand artiste n'était plus qu'une ruine! mais quelle ruine admirable!

A sa première entrée, il fut acclamé frénétiquement. Il semblait qu'à force de sympathies, on voulût le rajeunir.

Après avoir remercié à plusieurs reprises, Frédérick se détourna pour essuyer des larmes. Je le vois encore ôtant, pour saluer, sa pauvre petite toque rouge ; ses longs cheveux gris s'éparpillaient autour de sa tête. Ce n'était pas un vieillard qu'on avait sous les yeux, c'était le type même de la vieillesse respectable et touchante.

La parole ne le servait plus ; mais quelle pantomime ! Une éloquence, des gestes, une ampleur incomparables ! Quant aux regards, l'expression en est impossible à décrire !

Au troisième acte, le vieux portier, chassé pour avoir dit trop vertement son fait à un propriétaire sans entrailles, fait ses paquets et se dispose à quitter sa modeste loge.

Une petite voiture de déménagement vient stationner devant le n° 15. A chacun des paquets que le portier fait de ses hardes, de ses tableaux, de ses distinctions honorifiques, de ses meubles, etc., il évoque des souvenirs d'un temps plus heureux. Après avoir égrené ces souvenirs comme les grains d'un chapelet, il rejette melancoliquement les paquets en disant : « A la charrette ! à la charrette !... » Lorsqu'il ne reste plus rien à emporter, Frédérick enveloppe d'un dernier regard cette loge où il pensait finir ses jours, et, contemplant la charrette que commencent à mettre en mouvement les bras d'un vigoureux et compatissant Auvergnat, il s'écrie douloureusement en montrant cette charrette et les objets qu'elle contient : « Le convoi du pauvre ! »

En entendant Frédérick Lemaître, mon cœur s'emplissait de sanglots et mes yeux de larmes, mais ce n'est pas à son rôle que je pensais, c'est à lui.

Un jour, ses meubles, saisis par un créancier, furent mis en vente.

Voulant prévenir cette triste exécution, le *Cercle de la critique dramatique* entreprit d'organiser à l'Opéra une représentation pour laquelle M. Halanzier offrit généreusement son beau théâtre, et M. Cantin son immense succès : *La Fille de Madame Angot*.

Les scrupules musicaux de l'auteur de *Dimitri*, exprimés dans un journal important, firent hésiter l'administration supérieure.

La représentation manqua.

M. Cantin, qui avait inutilement offert sa pièce, donna son argent; il racheta les meubles du pauvre grand comédien.

BRUNET, LEPEINTRE JEUNE, POTIER, ODRY, LEPEINTRE AINÉ

Brunet se plaisait à venir, à l'âge de quatre-vingts ans, au foyer des Variétés, dans ce théâtre qui s'honorait des succès et du talent d'un tel comédien. Brunet retrouvait son ancien camarade Lepeintre. Ils étaient l'un et l'autre grands amateurs de calembours, et ils se donnaient la réplique, à la vive satisfaction de la galerie.

— Voyons, Lepeintre, disait Brunet, pourquoi fais-tu toujours des calembours dans tes rôles ?

— Parce que les ouvrages dans lesquels je joue en sont farcis, et que je goûte fort les *pièces farcies?*

— Très-bien; alors dis-moi pourquoi je vais m'asseoir ?

— Parce que tu aimes la botanique et que tu ne veux pas toujours rester sur la même plante.

— Quelle plante ?

— Eh! parbleu! la plante des pieds...

— Parfait. Eh bien, moi, je te défie de te rendre d'ici à la rue Dauphine en passant par le Pont-Neuf.

— Pourquoi cela ?

— Parce qu'il a disparu.

— Comment! disparu! le Pont-Neuf ?

— Lui-même. J'ai rencontré quelqu'un qui venait de l'avaler. (La Vallée, le marché à la volaille.)

— Excellent! excellent, s'écriait Lepeintre en faisant retentir le foyer de son gros rire bon enfant.

— Ce n'est peut-être pas très nouveau, ajoutait Brunet en s'adressant à l'auditoire, mais voyez-vous, mes enfants, il en est des calembours comme des choses trop longtemps renfermées : il faut les remettre à l'air pour leur faire perdre leur goût de moisi.

———

— Viens avec moi, cher ami, dit un jour Arnal à Lepeintre jeune.

— Où vas-tu ?

— A l'Esplanade des Invalides. C'est pour quelque chose d'important, quelque chose d'extraordinaire, quelque chose, enfin, que tu te féliciteras toute ta vie d'avoir vu.

— S'il en est ainsi, je suis ton homme, quoique la course me paraisse un peu longue. Ne pourrions-nous prendre une voiture ?

— A quoi bon ? Le temps est superbe.

— Enfin, dis-moi toujours de quoi il s'agit.

— Non, je t'en garde la surprise.

Ils se mettent en route. Arnal, vif, dégagé, marchait vite.

Lepeintre, gros, gras, soufflait et traînait la jambe.

Arrivés sur l'esplanade, Arnal cherche longtemps une place à son gré, et un banc favorable. Il trouve, et s'assied avec un contentement visible. Lepeintre jeune se met à côté de lui, et, comme lui, il est satisfait, au moins d'être assis.

— Nous serons très-bien là, dit Arnal, pour ne rien perdre de l'opération.

— Quelle opération?

— Celle du Dôme!...

— Une opération! le dôme!... que veux-tu dire?

— Apprends donc, mon bon ami, que l'on va dévisser le dôme des Invalides, pour le nettoyer. C'est à ce spectacle, unique au monde, que j'ai voulu te faire assister!

Lepeintre jeune, comprenant qu'il venait de gober un poisson d'avril, se mit à rire, de son rire gai et tellement communicatif que son bon gros ventre en prenait toujours sa part, en rebondissant de la façon la plus folle....

Au temps de Potier, l'inimitable « Père Sournois, » un brave chef de claque, nommé Sauton, qui exerçait aux Variétés, fit une assez grosse fortune et mourut après avoir honnêtement élevé une nombreuse famille. Il était franc-maçon; il adorait les bijoux, les croix, les étoiles, les cordons, usités dans les tenues de l'ordre.

Pour lui faire honneur et plaisir, par delà notre monde périssable, on orna avec profusion le char mortuaire des insignes les plus éclatants.

Derrière le convoi de Sauton, venait celui d'un pair de France.

Un personnage important avait accepté la mission de prononcer un discours de circonstance sur la tombe du mort illustre. L'orateur se trouve retardé par des circonstances indépendantes de ses regrets. Peut-être, était-il en train de solliciter la survivance de la pairie du décédé... Quoi qu'il en soit, il n'arriva au cimetière qu'au moment où les deux corbillards ayant cessé de marcher l'un derrière l'autre, se dirigeaient au loin, celui-ci à gauche, celui-là à droite. Pour lequel se décider?

Un rayon de soleil déchire la nue et fait étinceler des croix, des insignes, « des honneurs. » — « Voilà le bon, » se dit le personnage, et il court là où étaient la lumière et l'éclat.

Il se présente, on lui fait place; il indique qu'il va parler. Des personnes, qui pleuraient, essuient leurs yeux afin de mieux considérer l'orateur. Il commence par un hommage rendu aux vertus publiques et privées du défunt. « Son cœur d'élite battait à toutes les grandes idées; ses mains généreuses applaudissaient à tous les nobles actes... » — Ici l'auditoire recommence à pleurer. — L'orateur continuant : « Il laissera, dans notre pays, le souvenir impérissable des plus hautes vertus politiques. » — L'auditoire se regarde, et semble s'interroger... « Enfin, s'écrie l'orateur avec l'énergie de la péroraison, on peut affirmer qu'il a été le modèle des pairs ! ».

Cet éloge, que les assistants interprètent dans le sens de la paternité, rallie tous les suffrages et ramène un déluge de larmes...

Un monsieur affairé s'approche de l'orateur, lui

glisse quelques mots à l'oreille et l'emmène aussitôt :
« Eh bien, au fait, cela m'étonnait un peu, disait le personnage en marchant lestement ; d'habitude, pour un pair de France, on ne pleure pas tant que ça ! »

Potier ne racontait jamais l'anecdote qui précède sans rire aux éclats.

Odry, qui fut plus tard le célèbre Bilboquet des *Saltimbanques*, avait commencé sa carrière théâtrale en exerçant la profession de cordonnier de deuxième classe, dans la rue des Fossés-du-Temple. Il jouait au cachet, *au Théâtre sans prétention*. Quand le directeur ne savait à qui donner un mauvais rôle, « ce sera, disait-il, pour le bijoutier sur le genou. » C'est une locution familière qui désigne un savetier.

Odry était lié d'amitié avec un nommé Vauxdoré, acteur des Variétés : Odry rêvait d'être engagé à ce théâtre, et il tourmentait sans cesse son camarade pour qu'il parlât de lui au directeur Brunet.

Un vendredi saint, l'échoppe du cordonnier étant fermée, Vauxdoré, qui venait pour parler à Odry, trouve la porte close. Il apprend que son ami avait annoncé son intention de faire un tour de promenade du côté de la barrière du Trône. Vauxdoré y court et arpente la localité dans tous les sens, et à travers toutes les foires, de pain d'épice ou autres. Point d'Odry.

Vauxdoré s'arrête pour regarder les boutiques autour de lui; son attention est attirée par un splendide étalage de saucisses et de jambons. Par circonstance, il fait sa provision, et, renonçant à rencontrer Odry, il se dispose à regagner son domicile. Tout à coup, ils se trouvent en face l'un de l'autre. — Te voilà! quelle chance! — Qu'y a-t-il? — Une bonne nouvelle! — Parle. — Non pas ici; d'ailleurs, je suis mort de fatigue. — Eh bien, entrons là chez ce marchand de vin.

Les deux amis s'installent. — Vauxdoré expose que Brunet consent à engager Odry. Celui-ci n'a qu'à se présenter le lendemain pour signer son contrat.

Ravissement d'Odry. Il offre une autre bouteille. Vauxdoré consent à trinquer encore, mais à la condition qu'il mangera en buvant. Il demande donc du pain, étale ses provisions, et commence à les savourer. Odry le regarde d'un air d'envie, mais ses scrupules le retiennent. Sacrifier au jambon, un vendredi saint! Impossible.

Cependant, la joie, la piquette et l'odeur des victuailles aidant, le futur pensionnaire des Variétés se laisse aller au péché de gourmandise.

En rentrant chez lui, Odry était troublé, non pas dans son estomac, mais dans sa conscience.

Le lendemain, il signe son engagement. On lui confie successivement quelques rôles secondaires. Chaque fois, il est sifflé. « Cela n'est pas étonnant, pensait-il ; pourquoi ai-je touché au jambon de Vauxdoré ? »

Brunet fut obligé de reléguer Odry dans les chœurs. Il y végéta pendant plusieurs années.

Brazier, un auteur en vogue, le rencontrant un jour, eut pitié de son aspect misérable et de son air découragé. — « Je vous ferai une pièce, mon garçon, dit-il. — Ah ! monsieur Brazier, je vous suis bien reconnaissant ! mais figurez-vous que l'on me siffle aux premiers mots que je prononce. — Eh bien, vous aurez un rôle où vous ne parlerez pas. »

En effet, le 13 avril 1811, dans *Quinze ans d'absence*, Odry créa le personnage de *Morin*, fermier imbécile qui n'ose pas parler devant sa femme. Il obtint un succès énorme. A partir de ce moment, il fut aussi populaire et aussi fêté qu'il l'avait été peu jusque-là. « Le ciel, disait-il, m'a pardonné enfin ma gourmandise avec Vauxdoré ; mais, c'est égal, on ne sait pas à quelle série de guignons l'on peut s'exposer en faisant gras un vendredi saint ! »

En 1823, aux Variétés, Odry jouait dans *l'Enfant de Paris*; il était le seul acteur de la pièce qui n'eût pas de couplet dans « le vaudeville final. » Le public voulut que son comédien chantât aussi. Odry était chargé du rôle d'un balayeur des rues. Il improvisa ce qui suit, sur l'air de *ma tante Urlurette* :

> Quand il tombe du bouillon,
> Et qu' les rues sont pleines d'eau,
> Sur chaqu' ruisseau j'mets une planche
> Et l'on paye (*Bis*).
> Un sou par personne.

Dans le même ordre d'idées, voici un fait relatif à Lepeintre aîné.

Le public trouvait, alors, que dans son rôle du *Soldat laboureur*, Lepeintre aîné se montrait trop avare de couplets patriotiques. Un soir, les spectateurs, plus ardents que jamais, se mirent à crier, après le fameux *je reconnais ce militaire* : « Un couplet ! un couplet ! »

Lepeintre aîné improvisa la strophe que voici sur l'air : *Dis-moi, soldat, dis-moi, t'en souviens-tu?*

> On a longtemps parlé de cette France,
> Si belle encore et si chère aux Français !
> Mais on n'a pas assez dit que la France
> Avait donné le jour à des Français ;
> Moi, je suis fier d'avoir pour cette France
> Versé mon sang comme tous les Français !
> Parc' que la France est encore la France
> Et qu' les Français sont toujours des Français !

Ce couplet, lancé avec verve, fut applaudi à outrance, et l'on demanda *bis*.

BOUFFÉ

Bouffé demeure à Auteuil, rue Lafontaine, n° 16, au hameau Béranger. Je dirai, plus tard, pourquoi je précise ainsi l'endroit et l'adresse.

Au bout d'une petite avenue d'arbres, à gauche, demeure le créateur de *la Fille de l'avare*, du *Gamin de Paris*, et d'un grand nombre d'autres rôles du répertoire des théâtres des Nouveautés, du Gymnase, des Variétés, etc., etc., dans lesquels il n'a pas été remplacé.

On sonne : on est introduit dans une cour de verdure. Vis-à-vis, se trouve l'habitation en forme de chalet. Partout des vitraux de couleur, des parquets, des boiseries. Les aménagements paraissent commodes, bien compris, aimables. Un véritable nid. Mais pas un petit nid égoïste ; assez grand au contraire, pour contenir, à l'aise, toute une famille.

Autour du chalet, un jardin intelligent qui va s'élargissant du côté opposé à la porte d'entrée.

Tel est l'aspect d'ensemble de l'habitation. Montons auprès du maître.

Il se tient au premier étage, dans un vaste salon de travail, meublé simplement, mais avec goût. Çà et là quelques bons tableaux de genre ; en plus grand nombre, des portraits de famille, des médaillons avec des têtes de jeunes femmes, ou avec des figures d'enfants. C'est la société muette, et cependant éloquente, du vieil artiste.

Au moment où la porte s'ouvre discrètement pour livrer passage au visiteur, il peut voir le maître du logis assis à un bureau, et penché sur un manuscrit. Bouffé aperçoit le nouveau venu dont on lui a donné la carte ; il se lève, salue en découvrant ses cheveux blancs qui accompagnent harmonieusement une vénérable barbe de même couleur argentée.

— Comme M. de Villemessant est bon de se souvenir de moi ! dit-il, car, d'après ce que je sais, vous venez de sa part à l'effet de me rendre le service qu'il a bien voulu me faire espérer.

— Oui, monsieur Bouffé.

— Prenez d'abord la peine de vous asseoir. Je serais bien aise de causer un peu avec vous. Tous les deux, nous sommes du bâtiment ! Reposez-vous donc un instant, je vous en prie.

La conversation roule naturellement sur la carrière si noblement remplie du célèbre comédien. Il s'étend avec complaisance sur ses débuts, laborieux et difficiles, sur ses luttes, sur ses déceptions, et aussi, — pressé qu'il est par mes instances, — sur ses triomphes si mérités.

Bouffé a créé cent soixante-cinq rôles, la plupart à grand succès.

Je ne me lassais point de l'écouter ; mais il fallait éviter d'épuiser les forces de cette organisation nerveuse; d'un autre côté, lui-même, craignant d'abuser de l'attention de son hôte, lui donne, en se levant, le droit de changer la nature de l'entretien.

— Maintenant, dit-il, procédons à une visite de la maison... il faut que vous sachiez bien ce dont vous avez à parler.

Tandis qu'il cherche ses clefs, je me mets à regarder les portraits. L'un d'eux me frappe : il représente une ravissante petite fille. Bouffé me surprend dans ma contemplation. Il vient à moi, et s'arrêtant aussi devant le portrait : « Un ange, dit-il, oui, un ange regretté !... Ma fille, monsieur, ma petite Charlotte. Je l'ai perdue !... et dans quelles circonstances ! Ah ! si vous saviez ce que souffre parfois un comédien, c'est atroce ! »

Voulant arracher ce pauvre père à des souvenirs dont la confidence ne pouvait être que douloureuse, je cherche à l'entraîner. Il me retient...

« Vous la voyez, dit-il, fraîche, rose, adorable ! Eh bien, elle était ainsi, trait pour trait, la veille de la catastrophe... Un 10 novembre (il y a déjà longtemps de cela), je devais jouer une pièce de Paul de Kock : *Jean*, en quatre actes. Nous étions au 9. Tout nous souriait... Vers le soir, l'enfant se met à tousser ; elle devient écarlate... Nous passons une nuit terrible, quoique le médecin, mandé en toute hâte, eût déclaré qu'il n'y avait rien à craindre. Le matin, un peu d'amélioration : la journée pas bonne.

Arrive l'heure de me rendre au théâtre. Je ne pouvais me résoudre à partir. Mais *une première!*... La faire manquer par ma faute ! C'était impossible !

— Je pars donc. Dans la rue, vingt fois je me retourne avec l'idée folle de rentrer auprès de ma fille.

Enfin, me voilà dans ma loge. Plus je veux me presser, plus je perds de temps ! Il fallait me faire une tête de comique. — Une tête de comique ! Comprenez-vous cela, monsieur, et j'avais la mort dans l'âme ! Je jouais Rigolard, un vieux maître à danser. *Rigolard!* et ma fille râlait !...

Je voulus interrompre Bouffé.

— Non, non, j'irai jusqu'au bout. Cela me fait du mal, et en même temps, cela me soulage. Où en étais-je ? Ah ! à la pièce de *Jean !* Oui. — Je descends donc au théâtre ; je parais en scène. Monsieur, faites bien attention à ce que je vais vous dire. Ordinairement, à mon entrée, on ne m'applaudissait pas. Eh bien, ce soir-là, on me fait une ovation ! Je m'en étonne ; je me demande pourquoi. Alors une lueur, une sorte d'éclair livide, traverse mon esprit et me montre la vérité ! Je tombe dans les bras de Lafon, je lui crie en sanglotant : « Ma fille est morte ! » J'avais deviné ! Les applaudissements étaient une marque de sympathie, ils s'adressaient à mon malheur de père!

En effet, la petite cessait de vivre au moment où le pauvre Bouffé quittait la maison ! — On avait couru, on l'avait devancé au théâtre, afin qu'il ne fût point frappé par la nouvelle comme par un coup de foudre. Malgré toutes les précautions, le bruit s'en était propagé instantanément dans la salle avant le lever du rideau.

De tels souvenirs accablaient mon hôte. J'étais aux regrets d'avoir éveillé en lui ce grand chagrin ; je lui avouai ma pensée. Il s'empressa de m'excuser. « Cela ne m'arrive pourtant plus, me dit-il, en s'efforçant de retrouver un sourire ; mais, que voulez-vous ? l'idée de quitter cette maison où je me suis habitué à voir mon petit ange, là où il est placé... Et votre visite, qui se lie précisément à mes projets, que dis-je, à mes désirs de départ, car enfin le service que j'ai demandé à M. de Villemessant et obtenu de sa bienveillance, consistait précisément à m'accorder un article ingénieux pour la réalisation de ces désirs... Croyez, d'ailleurs, que je serais vraiment heureux, pour des raisons d'argent, de me défaire de mon chalet. Sans ces raisons, je ne le quitterais pas volontiers, car il est très-complet, ainsi que vous allez voir.

— C'est tout vu, cher monsieur Bouffé. Permettez-moi de conclure : il n'est nul besoin d'adresse de langage, ou de finesses de mise en scène, ni de descriptions pompeuses, pour faire savoir au public que vous êtes propriétaire d'une habitation charmante; que, pour des motifs particuliers, vous désirez vous en défaire; que vous êtes accommodant par caractère et par profession, et que, par conséquent, l'acquéreur qui se présentera est assuré de conclure agréablement une affaire excellente. Eh bien, nous dirons cela dans le *Figaro*, simplement, sans malice; de la sorte, la bonne promesse qui vous a été faite par votre ami sera réalisée; et cela, je l'espère, tant au gré de ses désirs qu'au mieux de vos intérêts.

LAFERRIÈRE

Au moment où cet artiste hors ligne se préparait au rôle du médecin Albinus dans *le Sonneur de Saint-Paul*, il avait poussé le soin artistique jusqu'à aller solliciter de son ami, le docteur Sichel, oculiste renommé, des indications spéciales à l'effet de bien imiter, au théâtre, les attitudes et les gestes d'un opérateur de profession.

Muni de ces renseignements, Albinus produisait l'illusion d'un chirurgien doué de dextérité. Il eut même l'excellente idée d'utiliser ces apparences pratiques, de manière à rendre plus tolérable le récit du sonneur de Saint-Paul, au premier acte. Après chacune des tirades du vieillard, Albinus s'approchait de lui, examinait ses yeux privés de lumière, et feignait d'aller consigner ses observations sur son livre médical. Le public s'intéressait à ces jeux de scène, et ne s'apercevait point de la longueur du récit.

Comme on ne parlait que du talent et de l'habileté du docteur Albinus, quelques plaisants s'avisèrent de se jouer de la crédulité de deux pauvres ouvrières du faubourg du Temple, — dont l'une était menacée de perdre la vue, — en leur conseillant d'aller consulter le savant Albinus. C'était, disaient-ils, un homme bon, toujours prêt à être utile à la classe ouvrière.

Sans méfiance aucune, les femmes se rendent un soir à l'endroit qu'on leur avait indiqué de loin, mais sans leur dire que c'était l'entrée des artistes de la Gaîté.

Elles demandent timidement à parler au « docteur Albinus. » Le concierge, pensant que c'était une façon populaire de désigner l'artiste en vogue, leur indique Laferrière qui arrivait précisément, et se disposait à monter dans sa loge.

Il vint à elles assez brusquement.

Les voyant de si pitoyable apparence, il se radoucit et demanda avec intérêt ce qu'elles désiraient. Aux premiers mots, il comprit leur erreur; qui le fit sourire. N'ayant point le temps de les désabuser, il les invita à venir le lendemain à son domicile....

— Mais, docteur, dit la plus âgée, en lui touchant respectueusement le bras...

— Eh bien ?...

— C'est que... une consultation chez vous... ce sera bien plus cher !...

— Pauvres femmes ! pensa notre artiste. — Écoutez-moi : lorsque les cas sont intéressants, on ne me donne rien ; au contraire, c'est moi qui paye. A demain !

Et il part, après avoir, au préalable, glissé de l'argent dans la main de l'une des femmes. Elles voulaient l'attendre pour le remercier ; elles ne s'éloignèrent que lorsque le concierge les eut enfin pleinement édifiées sur la condition réelle du docteur Albinus.

Cela ne les empêcha point de se trouver le lendemain chez Laferrière, à l'heure indiquée. Elles tenaient à lui expliquer leur méprise et à s'en excuser. Mais lui, coupant court à leurs paroles, se mit à son bureau, écrivit au docteur Sichel une lettre pour lui recommander chaudement la malade et sa compagne ; puis il les congédia en les pressant d'aller chez l'oculiste émérite à qui il les adressait, et en les forçant d'accepter un nouveau secours.

Quelque temps après, Laferrière recevait deux

lettres relatives à cet incident qu'il avait oublié. Voici la première :

« Mon cher Albinus, votre protégée est guérie. Mes nombreuses occupations m'ont empêché de vous le dire plus tôt. Excusez-moi.

« Bien à vous.

« *Votre confrère,*

« Docteur Sichel. »

La seconde lettre était ainsi conçue :

« Notre bienfaiteur, nous avons pu reprendre notre besogne habituelle. Comment nous acquitter jamais envers vous ? Daignez accepter la moitié de notre première semaine de travail. Nous continuerons ensuite. Surtout, ne nous refusez pas. Croyez bien que nous sommes reconnaissantes pour la vie.

« Vos dévouées, avec respect,

« Tante et nièce Boiret. »

Laferrière eut toutes les peines du monde à persuader à ces braves et dignes ouvrières qu'elles ne lui devaient absolument rien...

Ne pouvant consacrer à Laferrière et à son talent de longues pages biographiques et analytiques, je dédie à sa mémoire le souvenir de charité qui précède...

A plusieurs reprises Laferrière a été mon pensionnaire ; je suis devenu son ami, surtout à partir du moment où je l'ai vu surveiller, avec une tendresse extrême, l'éducation de sa fille Louise. En dernier lieu, il l'avait placée au couvent des Dames de Saint-Joseph.

La pauvre chère enfant n'a pour patrimoine que l'estime et l'intérêt touchant que son honnêteté et que son dévouement filial inspirent.... Il était question pour elle d'une représentation à bénéfice ? — on n'en a plus parlé !... Pourquoi ?

Son père a expiré doucement dans ses bras (le 15 juillet 1877). La veille, j'avais vu le mourant : il n'était nullement défiguré ; son aspect de jeunesse légendaire le suivait jusque dans la tombe.

Le lendemain, dimanche, je recevais le mot douloureux que voici :

« 10 h. 1/2 du matin.

« Cher ancien ami de mon père, tout est fini depuis une heure... venez le voir !...

« Louise Laferrière. »

REGNIER

Je me rappelle la représentation de retraite de M. Regnier, en avril 1872, qui produisit 18,952 fr.

Comme comédien, comme professeur, comme administrateur et enfin comme auteur dramatique, M. Regnier laissait des souvenirs on ne peut plus intéressants. Le public avait pu apprécier en lui l'artiste et l'auteur. Ce qui n'est bien connu que du monde théâtral, c'est le mérite d'administrateur de ce sociétaire instruit, prudent et sensé, qui, pendant de longues années, apporta, en qualité de membre du comité, un concours si précieux à la gestion des affaires de la Comédie-Française.

Là où l'on aime aussi à suivre M. Regnier, c'est au Conservatoire. Avec quel soin religieux il y a fait et fait encore un enseignement supérieur! Ferme, mais d'une politesse accomplie, sévère et encourageant tout à la fois, il sème des exemples, des conseils et il récolte des dévouements et parfois des talents ; chaque année l'art dramatique s'enrichit du résultat de ses leçons. Sa classe est très-recherchée. Les élèves ont une telle foi dans le maître, ils l'étudient avec tant d'amour et de respect, qu'ils commencent presque tous par être la copie de leur professeur.

Gestes, démarche, manière de frapper le mot, de le détacher, de le lancer, et jusqu'à l'intonation, tout est à l'imitation de M. Regnier. La pratique, la réflexion et le mérite individuel dégagent plus tard quelques personnalités. Heureux celui qui, pendant toute sa carrière, retiendra les principes excellents qu'il aura puisés près du maître ! Si quelques élèves, moins doués de la faculté de se créer une manière à eux, persistaient à rappeler de trop près M. Regnier, ils n'auraient pas à se plaindre de rester de telles copies, ne pouvant devenir originaux.

Si les élèves de M. Regnier portent à leur professeur le plus respectueux attachement, lui, de son côté, les traite en père de famille. Lorsque leurs études sont terminées, il les suit avec intérêt dans les développements successifs de leur carrière. C'est principalement au moment de leurs débuts que son zèle éclate. Il est là, dans la salle où l'élève affronte pour la première fois le jugement du public. Il s'agite, il se passionne comme s'il était un proche parent du débutant. Il triomphe avec lui ; avec lui il succombe. On l'a vu, à l'un des derniers débuts de la Comédie-Française, le corps penché hors de sa loge, s'attacher avec anxiété au jeu d'une de ses élèves, qui promet un charmant sujet de plus à la maison de Molière. Il fallait voir la joie du professeur. D'ailleurs, il est le même pour tous ceux ou toutes celles qui suivent ses cours. Il n'y a ni préférences ni priviléges pour personne.

La soirée de retraite de M. Regnier fut solennelle : on devait s'y attendre. Il nous semble que depuis quelque temps les représentations d'adieu de nos grands artistes ne présentent plus ce caractère de tristesse qu'elles avaient autrefois.

Lorsque l'un de nos grands comédiens venait à prendre sa retraite, son absence faisait un vide dont on mesurait les conséquences. Voilà une douce habitude rompue : quoi ! l'on ne verra plus cet artiste net, correct, spirituel, mordant, si touchant, si bonhomme parfois, inimitable dans l'ancien répertoire et qui, dans les pièces modernes, donnait à ses rôles tant d'accent de vérité ! C'était une désolation. Et l'on se rendait avec émotion à la dernière représentation du grand comédien goûté et aimé.

C'est lui ! bravo ! comme il est bien ! on ne l'avait jamais vu si excellent ! qui le remplacera ? pourquoi s'éloigner du théâtre ? quel âge a-t-il ? n'est-il pas jeune encore ? il se retire véritablement trop tôt ! Chaque mot qu'il prononce est souligné, enlevé par des bravos sans trêve. Toute la soirée n'est qu'un long triomphe. Enfin la dernière réplique est dite, le rideau se baisse. Il se relève sur un ouragan de cris sympathiques qui appellent le bénéficiaire. Il paraît, on l'acclame ; des larmes remplissent ses yeux, on l'acclame encore ; on ne peut se rassasier de lui, on ne saurait se résoudre à le quitter.

On comprenait que c'était là un adieu suprême ; que l'artiste et son fidèle auditoire prenaient l'un de l'autre un congé définitif, et que la rampe éclairait, positivement pour la dernière fois, les traits du bénéficiaire.

En réalité, on lui dit aujourd'hui beaucoup moins adieu qu'au revoir. Il est d'usage, en effet, qu'un comédien retraité reparaisse bientôt sur tel ou tel théâtre afin d'y créer un rôle dans quelque pièce nouvelle. On pourrait alléguer que si l'artiste est d'âge à ne plus faire de service, par exemple, au Théâtre-Français, il ne rajeunit pas en se produisant sur une autre scène, et que s'il se trouve en possession de forces suffisantes pour supporter ailleurs, — et presque toujours victorieusement, — les répétitions et les représentations d'un drame ou d'une comédie, il devrait logiquement continuer de consacrer ses forces à la Comédie-Française où les ouvrages de l'ancien et du nouveau répertoire ne se donnent pas d'une façon consécutive, ce qui est déjà une fatigue de moins. Mais prenons les choses comme elles sont...

FECHTER

La première fois que j'eus l'occasion de voir Charles Fechter, ce fut à la Comédie-Française, dans le cabinet du directeur, M. Vedel. La tenue de Fechter me frappa : sérieux, élégant, distingué, doué d'une physionomie aimable, il était très-supérieur à ceux qui se présentaient journellement, comme lui, pour obtenir des débuts.

M. Vedel l'avait remarqué. Il ne lui reprochait que son accent anglais, un peu trop prononcé. Fechter avait été élevé à Londres. Son engagement fut même différé, à la Comédie-Française, pour lui laisser le temps d'atténuer encore ses intonations britanniques. Dans la suite, il parvint si complétement à les effacer qu'il dut, lors de son rapatriement artistique, se livrer à l'opération inverse, c'est-à-dire s'efforcer de modifier sa prononciation devenue trop française pour des auditeurs anglais... Mais revenons à ses débuts à Paris.

Je me souviens de l'avoir vu, en décembre 1845, dans une représentation au bénéfice de l'excellent Firmin, qui prenait sa retraite. Fechter jouait, ce soir-là, dans *Oreste*. Comme Mlle Rachel créait le rôle d'*Electre*, et que cette tentative surexcitait la curiosité, on ne prêta qu'une médiocre attention aux répliques du nouveau Pylade.

Toutefois, Fechter avait laissé d'assez bons souvenirs pour déterminer le directeur du Théâtre-Historique à accepter ses services lorsqu'il eut l'idée de les offrir. Il fit le succès d'une pièce intitulée : *l'Honneur et l'Argent*, imitée de Bulwer.

Un éclatant triomphe attendait Fechter dans le rôle de Sylvain, de *Claudie*, adorable paysannerie dramatique de George Sand, que Bocage avait amenée à la Porte-Saint-Martin, où Fechter s'était engagé au sortir du Théâtre-Historique (1851).

Dans cette pièce, il réalisa complétement le type d'un jeune garçon de village, simple, naïf, passionné jusqu'à la folie : avec cela de la grâce, sans la moindre fadeur d'opéra-comique. Je le vois encore, arrivant en scène, à la recherche de *Claudie*, les pieds chaussés de sabots, le corps grossièrement vêtu de toile grise, des brins de paille dans ses longs cheveux, la narine frémissante, les yeux remplis de flammes; un véritable Apollon rustique !

L'année d'après, il concourt — et pour une bonne part — à l'immense succès de la *Dame aux Camélias*, au théâtre du Vaudeville. Jamais Mme Doche, qui elle-même est restée sans égale dans *Marguerite Gautier*, n'a trouvé d'*Armand Duval* préférable à Fechter. Comme ils chantaient miraculeusement le duo de la jeunesse, de l'amour, de la jalousie, des larmes et du désespoir !

Après cette glorieuse année 1852, c'est en Angleterre qu'il faut aller chercher des nouvelles de Fechter. A-t-il boudé la France ? Pourquoi l'aurait-il boudée ? Questions que je ne saurais résoudre.

A Londres, il fut comédien et directeur, soit tour à tour, soit à la fois. Dans l'une et l'autre condition, il était également aimé et apprécié.

Directeur, on le tenait pour un metteur en scène hors ligne. Je me souviens qu'assistant, dans son théâtre, à la représentation d'un drame et me trouvant à côté d'un Londonnien pur sang, mon voisin se mit à pousser des hourrahs d'enthousiasme dès avant le lever du rideau. S'adressant à moi, en qui il avait reconnu un étranger : « Attention, monsieur, » me dit-il.

Je pris garde, en effet, et je vis un salon dont les volets étaient fermés. Par suite, obscurité complète sur la scène ; un personnage (le duc de Buckingham) entre avec précaution. Il se dirige vers la fenêtre du milieu, et ouvre un des battants. Aussitôt un rayon de soleil se glisse vivement dans l'appartement. On referme le volet, de nouveau l'obscurité ; on rouvre, rentrée du rayon lumineux. Successivement, Buckingham rejete en dehors les volets de chaque fenêtre. A ces divers jeux de scène correspond une plus large invasion du soleil. A la fin, la clarté est pleine, ruisselante et joyeuse. Les gradations avaient été ménagées avec un art et une exactitude extrêmes. On eût dit la nature prise sur le fait. Aussi, quel succès ! — « Aoh ! ce Fechter ! s'écriait mon voisin avec admiration, tout ce qu'il fait est superbe ! Vous verrez, monsieur ! »

Mon temps étant compté, je dus m'en tenir à ce simple détail de mise en scène, dans lequel je reconnus l'observation et la main d'un habile.

Comme comédien, Fechter était aussi très-goûté ! Lorsqu'il aborda les grands rôles du répertoire classique, dans la langue de Shakespeare, il y eut quelques réserves. On n'oubliait pas que Fechter était une de nos célébrités parisiennes, et il répugnait aux Anglais de le trouver, je ne dirai pas meilleur, mais aussi bon que leurs comédiens nationaux.

Je retrouve dans mes notes le nom de Fechter à côté de celui d'un M. Pepper se disant professeur d'optique. Ce Pepper donnait, il y a quelques années, des soirées à *Philotechnic,* de l'autre côté du détroit; le drame qu'il avait fait faire servait à encadrer la scène scientifique où l'on voyait *le spectre animé.*

Une femme, assassinée par son mari, apparaissait au meurtrier pendant son sommeil: les cheveux épars, les traits convulsés, glissant plutôt que marchant sur le tapis de la chambre à coucher, elle parvenait auprès de l'assassin, qui se réveillait en sursaut, et contemplait sa victime avec terreur. Elle désignait la blessure faite par le poignard, et indiquait les traînées de sang qui souillaient sa longue robe blanche.

D'un bond, l'homme se levait: il était livide. D'abord il se croyait le jouet d'une ombre, d'un fantôme, évoqués par ses remords. Mais c'était bien une ressuscitée qui le touchait de ses mains vengeresses; c'était une voix humaine qui lui criait : « Misérable! misérable! »

Alors, devenant fou, il saisissait une épée, et

la tournant contre l'apparition, il frappait à coups redoublés. On voyait distinctement la lame pénétrer dans la poitrine, et ressortir entre les épaules.
— Les spectateurs étaient terrifiés.

La femme poussait des éclats de rire, puis elle disparaissait lentement.

Desrieux et Fechter assistaient à la représentation. Ils furent extrêmement surpris. Fechter réfléchissait. — Le lendemain, ils revinrent tous les deux. Fechter laissa Desrieux dans la salle, et passa sur la scène, où cependant l'on n'admettait personne. « Curieux ! lui dit Pepper en lui serrant la main. — Dites-moi ce que c'est ? demanda Fechter, avec câlinerie. — Cherchez, répondit le professeur, mais je vous défends d'approcher de la première coulisse. — C'est convenu. »

Au bout d'un moment, Fechter touche légèrement l'épaule de son confrère.

— Une grande glace sans tain, n'est-ce pas ?
— Comment savez-vous ? Elle est invisible !
— Aussi ne l'ai-je point vue. Je l'ai devinée.
— Comment ?
— C'est bien simple. Voyez-vous cette boulette de mie de pain. J'en avais une semblable avec laquelle j'ai visé ce brave musicien qui est à l'orchestre et qui joue de la clarinette. Je suis adroit ; je manque rarement le but. J'ai lancé ma boulette ; eh bien, non-seulement je n'ai pas attrapé le musi-

cien, mais la boulette est revenue sur elle-même... et tenez elle est tombée au pied du lit de l'assassin. Regardez.

— Ah! *dear fellow!* vous méritez de connaître entièrement mon secret; suivez-moi dans le premier dessous, et donnez-moi votre parole de ne rien dire !

— Je le jure.

Pendant ce temps-là, Desrieux, de plus en plus saisi, se promettait de recommander chaudement le truc à son directeur de Paris. A cet effet, il télégraphia le soir même : deux jours après, le marché était conclu, Pepper gagna 15,000 fr. et le Châtelet eut pour sa part, grâce au truc du spectre, le bénéfice d'une importante attraction dans le *Secret de miss Aurore.*

De Londres, Fechter passa en Amérique, où il est encore, paraît-il. De son odyssée là-bas, je ne sais que ce que tout le monde a pu, comme moi, connaître par la voie des journaux...

ROUVIÈRE

Rouvière fut le créateur fantaisiste de l'*Hamlet* de MM. Dumas et Paul Meurice.

Dans sa jeunesse, Rouvière fit en Amérique un

assez long séjour pendant lequel il eut occasion d'assister aux représentations données par la Frezzolini. Il resta sous le charme de la personne et du talent de l'admirable cantatrice. Après de longues années écoulées, et sans l'avoir jamais revue, il parlait d'elle à toute occasion et avec le plus grand enthousiasme.

De son côté, il avait parcouru, non sans quelque gloire, la carrière du théâtre. Il ne s'était pas enrichi, loin de là. De plus, il avait épuisé ses forces à de durs travaux. Un jour il tomba gravement malade, et sa misère devint telle que les frères Lyonnet, ces artistes de talent et de cœur, que l'on est toujours assuré de rencontrer partout où il y a quelque service à rendre, prirent le parti d'organiser à son profit, dans leur salon, une représentation, afin de pourvoir au plus pressé.

Les « étoiles » auxquelles les frères Lyonnet s'adressèrent, répondirent avec empressement à leur appel. Ainsi, Bressant, qui n'avait point de pièce à jouer, s'offrit en qualité de chanteur. — Bressant chantait d'une façon ravissante. — Ainsi encore, Samson, qui ne cachait point son peu de goût pour le talent inégal de Rouvière, déclara qu'il était entièrement au service de l'artiste besoigneux et malade.

Ce qu'il y eut de plus extraordinaire et de plus intéressant, c'est que Gounod, virtuose exceptionnel, consentit à chanter pour la première et unique fois en public ! Le programme annonçait trois airs composés et chantés par lui ! quel événement ! quelle attraction !

Il ne manquait que le nom d'une illustration féminine. On pensa à la Frezzolini, en ce moment à Paris. — On courut lui parler de Rouvière : elle ne le connaissait point, ou à peine, et de nom seulement. Incertaine, elle ne refusait ni n'acceptait. On entra alors dans des détails intimes sur la détresse du bénéficiaire, elle n'hésita plus.

Le bénéfice eut lieu ; le succès fut colossal et la recette dépassa toutes les espérances.

Lorsque les frères Lyonnet rendirent compte à Rouvière et de ce résultat et de l'effet produit par la représentation ; lorsqu'ils lui nommèrent les célébrités qui avaient sympathiquement donné leur concours, il fut profondément ému, et demanda en grâce que l'on voulût bien aller porter chez chacune d'elles ses vifs remercîments.

On avait gardé, en dernier, le nom de la Frezzolini. En entendant ce nom, Rouvière devint pâle : ses yeux, déjà agrandis par la fièvre, s'ouvrirent démesurément. Il n'avait plus conscience de la situation présente : il revoyait l'Amérique et les belles représentations dont la Frezzolini était l'attrait tout-puissant. Il sortit de cette extase et demanda, en rougissant un peu, que l'on se rendît chez la diva, afin de la prier de vouloir bien venir recevoir elle-même les remercîments du malade.

La bonne et loyale artiste s'empressa de souscrire à ce vœu.

Elle se rendit au numéro 36 de la rue de Bondy, où Rouvière demeurait. En jetant un rapide regard sur la chambre délabrée et sur le grabat du pauvre comédien, elle sentit ses yeux se mouiller de larmes. Bien vite, elle se rendit maîtresse d'elle-même, afin de ne pas inquiéter le malade.

— Monsieur Rouvière, dit-elle, en donnant à sa voix une inflexion dépourvue de tristesse, vous avez désiré ma visite. Je pouvais d'autant moins hésiter à la faire que vous êtes depuis longtemps, m'a-t-on dit, un ami pour moi.

— Dites un admirateur enthousiaste ! s'écria Rouvière.

Il se calma, et reprit : — Madame, lorsque j'ai eu le bonheur de vous voir et de vous entendre, en Amérique... autrefois... j'étais bien jeune et bien obscur, et cependant quelque chose me disait que je vous retrouverais un jour... Vous voilà, en effet, madame. C'est vous ! c'est bien vous ! toujours belle et toujours artiste admirable !... Mais je n'avais point prévu que les premières paroles entre nous seraient en même temps les dernières, et qu'elles s'échangeraient à mon lit de mort !...

COLBRUN, BOUTIN, BIGNON

Il était très-curieux, le foyer des artistes, à l'époque des répétitions des *Girondins*. C'était à qui se procurerait des dessins, des anecdotes, des pièces quelconques ayant trait aux personnes, aux mœurs et aux particularités de 93. On s'empressait de les communiquer à Alexandre Dumas, dans l'espoir qu'il en pourrait tirer un parti quelconque. Ce qui avait mis les artistes en goût de semblables recherches, c'est le succès obtenu par Colbrun, le jour où il apporta une gravure représentant une légion de tricoteuses se rendant à leur section, sous la conduite d'un gamin qui battait du tambour. La gravure servit immédiatement à mettre en scène le tableau de la section. Colbrun fut le tapin des tricoteuses.

Pour le moment, les recherches avaient un but déterminé. Il s'agissait de découvrir, chez un bouquiniste ou chez quelque marchand d'images, une indication authentique relative à la coiffure des juges du tribunal révolutionnaire. Avaient-ils un bonnet ou bien un chapeau ? quelle forme, quelle garniture ?

Le matin, en s'abordant, les artistes se demandaient : « Eh bien, et la coiffure ? » Chacun hochait la tête avec une sorte de découragement. Ah ! c'était une affaire !

— Moi, dit Colbrun, l'enfant gâté de la maison, j'ai trouvé !... oui : j'ai trouvé, en bouquinant, un mot qui m'a paru amusant...

— Voyons ton mot, réplique Bignon.

— Un membre du comité cause avec un collègue : Savez-vous la nouvelle ? L'ennemi a pénétré dans notre camp. Après avoir tout mis sens dessus dessous il a violé jusqu'à la tente du général ! — Mais aussi, dit le collègue qui avait mal compris, pourquoi les vieilles femmes vont-elles à l'armée ?

— Mon petit, dit Boutin à Colbrun, j'ai aussi bien que ça, dans ce genre-là.

— Montre.

— C'est en 1792. Une maman passe vers huit heures du soir, avec sa fillette, dans la rue Saint-Honoré, devant l'endroit où la société mère tenait ses séances. « Maman, maman, s'écrie la petite, qu'est-ce donc que cette cloche qui fait gredin, gredin, gredin ? — Ma fille, c'est l'appel nominal. »

— Ah ! ah ! très-bien ! dit Bignon en éclatant de rire ; à toi, Colbrun.

En ce moment le régisseur arrive :

— En scène, messieurs, mesdames, en scène ! La répétition commence.

— Je n'ai pas le temps de riposter, mais demain, mon vieux Boutin, je t'écraserai.

Ayant ainsi répondu, Colbrun se mit à courir, car c'était lui qui donnait la première réplique.

Le lendemain, à l'heure de la répétition, Bignon, devenu, par un accord tacite, le juge de la joute aux souvenirs entre Boutin et Colbrun, interpelle ce dernier avec une gravité comique, et l'invite à produire la réplique promise.

— Voilà, dit Colbrun, en tirant de sa poche quelques feuillets écrits à la main. J'ai copié la chose moi-même, mais j'aime mieux l'expliquer que la lire.

— Tu as la parole, répond Bignon.

— Je vous préviens que ce sera un peu plus long que nos racontars d'hier.

— Nous avons le temps, reprend Bignon. M. Alexandre Dumas ne peut venir que dans une demi-heure; naturellement on ne commencera pas avant son arrivée.

— Eh bien, mes enfants, il s'agit d'une séance d'assemblée populaire de section. Représentez-vous une salle délabrée, qu'un seul quinquet éclaire. Sous vos yeux, un sol de terre battue : des bancs, des tabourets, des chaises de paille occupés par une foule nombreuse d'hommes, de femmes, d'enfants. Au-dessus, une galerie circulaire garnie d'un public du même genre. Les femmes cousent ou tricotent; les hommes fument. Ce sont de braves familles du voisinage. On leur a expliqué que lorsque l'on est bon patriote, on se rassemble avec d'autres bons patriotes, et ils se rassemblent. Dans quel but ? Ils ne le savent pas trop bien. Dame ! la liberté, ça s'apprend comme autre chose, pas vrai ?

— A la question, Colbrun, dit Bignon.

— Mais j'y suis... Au bout d'un moment, le président, voyant que personne n'est disposé à monter à la tribune, se fâche, et veut absolument qu'on lui demande la parole.

Dans un groupe de fumeurs, un gros gaillard retire sa pipe de sa bouche, et dit au président d'une voix caverneuse : « Ça va bien comme ça, mon bonhomme. Nous causons entre nous. — Je ne suis pas ton bonhomme, je suis ton président, » réplique l'autre avec dignité...

En ce moment, une femme du parterre s'écrie en montrant le poing aux ouvrières de la galerie : « Dites donc, vous autres, quand vous aurez fini de cracher sur le monde ! »

L'interpellation cause un certain tumulte. Le président prend la parole... Ici Colbrun s'arrête et, consultant ses feuillets, il lit ce qui suit : « Citoyens, là où il y a du désordre, il n'y a pas d'ordre. Ce n'est que dans le calme paisible que l'on peut délibérer tranquillement. J'invite donc les citoyennes plus hautes à ne pas cracher sur les patriotes plus basses. Ce sont de ces petits égards que l'on se d réciproquement. »

— Plein de sagesse et de convenance, ton président, s'écrie Bignon. Continue, mon petit Colbrun.

— Les applaudissements ébranlaient la salle, lorsque le quinquet vint à s'éteindre. Moment de silence dans l'assemblée. Au silence succède une discussion...

— Ténébreuse, dit Boutin.

— Ténébreuse, en effet... La lueur subite d'un rat-de-cave qu'on avait allumé dans l'entourage du président ramène un peu de clarté et d'ordre. La voix caverneuse se fait entendre pour demander la parole : la parole est accordée. Alors, l'homme à la pipe quitte son banc, va s'installer à la table du président, place le rat-de-cave à côté de lui, et, au lieu de parler, il se met à écrire. Etonnement prolongé. Cependant on le laisse faire. Au bout de quelques minutes, il se lève, tenant son papier d'une main, et de l'autre s'éclairant avec le rat-de-cave : « C'est une motion, dit-il, vous allez voir ça, les amis. — La société, considérant : que la lampe s'est éteinte faute d'huile ; que le moyen qu'elle ne s'éteigne plus, c'est d'acheter de l'huile ; que le moyen d'en acheter, c'est d'avoir de quoi ; que le moyen d'avoir de quoi, c'est qu'on en donne ; arrête : »

A ce moment, l'orateur s'arrête lui-même en poussant un juron formidable. Il ne s'était pas aperçu que le rat-de-cave était arrivé au bout, et que sa flamme expirante allait atteindre sa main ; en effet, cette main venait d'être rudement mordue par la mèche embrasée. Celle-ci s'éteignit en fumant.

L'obscurité se fit de nouveau dans la salle. Le président lève la séance. Néanmoins, on continuait à causer.

— Vous en irez-vous ? crie le président.

On ne bougeait pas.

— Mais je suis couvert ; j'ai mis ma casquette !

— Un président qui se couvre, on ne résiste pas à ça. Allons-nous-en.

La foule obéit ; elle s'écoule... et là s'arrête mon récit, dit Colbrun.

— A mon tour, reprend Boutin. D'abord, ce n'est pas de tout ça qu'il s'agit. La vraie question, c'est la coiffure des juges du tribunal révolutionnaire. Eh bien, je rentre dans la question, et je vais vous apprendre une bonne nouvelle. J'ai trouvé la coiffure. La voilà !

Et il exhibe une vieille image enluminée et authentique, où l'on voyait le terrible tribunal coiffé *de chapeaux à la Henri IV, avec des plumes blanches sur le retroussis de devant...* On se passa l'image de main en main.

Bignon l'examina longuement, puis la rendant à Boutin : « Mon vieux, à toi le pompon ! »

— Bien jugé, dit Colbrun en riant.

V

PARTICULARITÉS

RELATIVES

AUX COMÉDIENS ET AUX COMÉDIENNES

LES TALENTS ACCESSOIRES DE L'ARTISTE EN SCÈNE
LES ORGANISATEURS DE PARTIES
RETOUR ANNUEL DES COMÉDIENS DE PROVINCE
L'ARTISTE AU POINT DE VUE CRIMINEL
LES RAPPELS

HACUN a été à même d'observer avec quelle satisfaction le public accueille l'artiste qui, en scène, témoigne de la pratique de quelque art accessoire, musique instrumentale, par exemple ; que cet artiste vienne à jouer du violon, de la flûte, même de la guitare, l'assemblée est ravie.

Il en sera de même s'il s'agit de peinture, de dessin ou de sculpture. On sait de quelle façon Mélingue y excellait. Dans les drames si connus de *Benvenuto Cellini* et de *Salvator Rosa*, un des côtés de ces succès populaires revenait assurément aux mérites *en dehors* de l'incomparable créateur de d'Artagnan.

Avec quelle main il enlevait le portrait au crayon rouge du brigand napolitain! avec quel pouce il modelait la statuette que l'on voyait sortir, en quelques instants, d'une informe argile? C'était prodigieux d'art et de dextérité.

Les actrices n'ont pas de telles ressources. Que dirait-on d'une jeune première qui, sachant jouer du violon, s'aviserait d'en tirer un andante ou une variation, au milieu d'une scène de comédie ou de drame? Il y a gros à parier qu'on éclaterait de rire, fût-elle une exécutante accomplie.

Mais, qu'après la pièce, elle aille dans une soirée publique ou particulière faire entendre un concerto, elle sera l'objet d'une ovation. Question de milieux différents.

Autrefois, les comédiennes savaient, en scène, faire usage de la harpe. On n'accorde plus à cet instrument l'importance qui lui est due. Pour une femme, il est bien plus gracieux que tout autre. Il emploie la personne en entier : les pieds, qui se posent aimablement sur les pédales; le corps, qui accuse des lignes harmonieuses, les épaules et la tête doucement inclinées, enfin les bras et les mains dans lesquels toutes les grâces, toutes les délicatesses féminines peuvent se résumer.

Les comédies modernes ne dédaignent point le piano pour faire des dessous mélodiques à telle ou telle scène sentimentale. Lors de la reprise du *Marquis de Villemer* à la Comédie-Française, on a beaucoup applaudi Mlle Croizette qui a très bien joué du piano. Cependant quelle différence avec la harpe ! Le piano frappe la corde; la harpe la caresse. Dans celle-ci, il y a la main frémissante d'une femme; dans celui-là un marteau toujours un peu brutal.

Il ne reste donc alors aucun art supplémentaire pour une actrice de comédie ou de chant? — Mais si. Entre autres choses il reste la danse, et c'est ce que je constatais un soir en voyant Mlle Julia Potel esquisser un pas, dans l'acte de la fête de *Cendrillon*. Comme on ne s'attendait point à ce mérite de la jeune cantatrice, on lui en sut un gré infini.

J'avais eu, plus d'une fois, l'occasion de faire des remarques analogues.

Ainsi, Alphonsine, la superbe commère d'aujourd'hui, qui est à volonté, soit une duègne comique, soit un premier rôle de genre, et toujours supérieure sous l'un ou l'autre aspect, a commencé par être mince et mignonne comme l'est aujourd'hui Mlle Potel.

On la vit un soir s'acquitter, le plus gentiment du monde, d'un pas de danse intercalé dans son rôle de la féerie des 500 *Diables*. Elle fut applaudie à tout rompre.

Une autre jeune fille, douée d'une beauté peu commune, Laurentine, qui fut tour à tour recherchée par la Gaîté, par le Gymnase et par l'Italie... obtint également, et à l'improviste, un éclatant succès de danse au milieu des *Sept Châteaux du Diable*, féerie dont le rôle lui fut confié dans les circonstances suivantes.

Sa mère la présenta un jour au directeur de la Gaîté, à l'effet d'obtenir un modeste emploi de figurante. La voyant si jolie, on l'engagea sur-le-champ. Elle avait la voix juste et d'un timbre adorable.

En sa nouvelle qualité de choriste, elle faisait partie d'un cortége qui, par quelques mouvements et poses, devait ajouter à l'effet du corps de ballet, corps un peu maigre comme nombre, et même autrement. Laurentine eut tant de souplesse et de charme que l'attention se fixa sur sa personne.

On en vint à lui préparer des débuts dans le

grand rôle de la pièce. Elle le répéta d'une manière satisfaisante. Ce ne fut pas tout ; le premier sujet de la danse ayant déserté à l'étranger, on songea à Laurentine pour remplacer. Elle accepta, et le jour de la représentation venu, elle réussit au delà de toute espérance.

Lorsque dans des circonstances semblables, le public prodigue ses applaudissements, c'est qu'il entend remercier l'acteur ou l'actrice, moins pour le mérite absolu de leur manifestation spéciale que pour la complaisance et le zèle qu'ils ont mis à faire bénéficier les spectateurs d'un art d'agrément non prévu par l'emploi du comédien ou de la comédienne.

Retirons un moment de l'oubli quelques monteurs célèbres de soirées théâtrales, du régime précédent. Le plus populaire, sous le rapport de l'esprit, de l'ingéniosité, de la misère, et aussi du talent, fut incontestablement Rosambeau, premier du nom. Son amusante légende est tellement détaillée et connue qu'il y aurait de la prétention à vouloir y ajouter du nouveau. D'ailleurs, je me suis moins senti disposé à rire de ce bon, sympathique et pauvre artiste, à partir du jour où j'ai lu ou entendu, à son sujet, l'anecdote suivante.

Quand il n'avait pas de quoi donner à souper à

ses enfants, ce qui arrivait plus d'une fois par semaine, il disait : « Mes mignons, il y a deux sous pour tous ceux qui se coucheront sans souper ce soir. Voyons ! à qui les deux sous ?

— A moi, à moi ! s'écriaient les bambins en se précipitant : ils emportaient joyeusement la pièce de monnaie, et ils allaient dormir, le ventre creux, mais leur décime dans la main. »

Le matin venu, le papa disait : « Que ceux qui veulent déjeuner donnent deux sous ! »

Les petits les remettaient bien vite, car leurs estomacs criaient la faim !... C'est original ! mais cela fait de la peine.

Par exemple, je ris sans scrupule lorsqu'il m'arrive de penser à Lamiral, au fameux Lamiral, à ce grand vieux, anguleux, sec, cassé et d'aspect si comique ! Je devrais dire qu'il était cocasse ; et pourtant quelle énergie ! Quel besoin ardent d'aller, de vivre, de travailler à des choses disparates ! Il jouait la comédie chez Mme Saqui ; il portait à domicile des copies de mandements religieux ; il composait des vaudevilles impossibles ; il recrutait des acteurs plus déguenillés que le dernier moucheur de chandelles de la troupe de Ragotin, et il montait des parties à Saint-Denis ! Enfin, à ces occupations multiples il ajoutait — le croirait-on ?

— la *fonction officielle de sonneur* à Saint-Médard!

Cet original eut l'ambition de devenir député, en 1848. Sur son affiche électorale, on lisait : « Je me présente pour mon bonheur et celui de la France. Signé : *Lamiral*, de la Seine ; ne pas confondre avec *celui* de Joinville. »

Enfin, citons Thierry, autre monteur de parties ; émule de Doyen, de Ducros, etc., Thierry devint propriétaire d'un petit théâtre (rue Saint-Antoine) qu'il n'exploitait que rarement. Il préférait « le louer, à l'heure. » — Lorsque l'heure sonnait, amenant le tour d'un autre locataire, il faisait impitoyablement baisser le rideau, à quelque point que se trouvât le spectacle en cours de représentation. Le public sortait en riant : on l'avait prévenu, et il connaissait son Thierry de longue date.

Lorsque les comédiens de province se retrouvent à Paris lors de l'expiration de leurs engagements, leur rencontre dans l'un des cafés qu'ils fréquentent présente toujours les mêmes particularités professionnelles.

— Bonjour, mon cher. J'arrive de X... Débuts admirables. A la fin, j'ai été victime d'une cabale.

Quelle imprudence aussi, de dire que je ne reviendrais à aucun prix dans la localité ! C'était d'autant plus maladroit que je n'avais pas à me plaindre. La veille de mon départ, je me rends au café, je démens le propos devant les abonnés. Ils m'ont fait des excuses et, le lendemain, je les ai tous trouvés au chemin de fer. J'ai été bien touché de leur attention.

— Nigaud ! ils voulaient s'assurer que tu partais réellement.

— Ce n'est pas gentil ce que tu dis là. Je te conseille de parler, toi qui n'as pas eu un seul moment d'agrément dans ton hiver, à...

— Pas un seul ? Erreur. La veille de la clôture, je jouais *Tartuffe*. Arrivé à ce vers :

Mais la vérité pure est que je ne vaux rien...

j'ai été applaudi à tout rompre. Après le baisser du rideau, on restait dans la salle pour applaudir encore. Ce moment de triomphe m'a consolé du reste.

— Très-drôle ! Je te pardonne... Tiens ! qui est-ce qui vient ? Regarde donc : une jolie femme !

— La petite Darling. — Bonjour, bébé ! — Je la connais : j'ai de ses nouvelles par Rabutin, qui se trouve toujours engagé, par hasard, dans les troupes dont elle fait partie. Elle chante bien. Seulement, une tendance à la cascade, ce qui est dangereux en province chez une chanteuse à roulades. Dernièrement, elle jouait Rosine, du *Barbier*. Sais-tu ce dont elle s'avise au moment de la leçon de musique? L'actrice exécute l'air qu'elle veut : c'est de tradition. Eh bien! la petite choisit... quoi ? *l'Amant d'Amanda!*

— Pas possible !... alors, elle a écopé ?

— Ma foi ! non... Les jeunes gens ont ri ; ça l'a sauvée ! C'est égal : où allons-nous, en province ?

— Vous parlez de province, s'écrie un nouveau venu. Ah ! c'est moi qui voudrais bien y être engagé.

— Tiens, Rifollard! Tu ambitionnes la province, toi qui es casé à Paris ?

— Casé et aimé, car on nous a dit que Rifollard avait beaucoup d'influence dans son petit théâtre, le théâtre...

— C'est vrai, je ne dis pas non. Ils m'apprécient. Ce qui me gêne, c'est mon directeur.

— Un brave homme pourtant, et un malin. Il a été libraire et le voilà directeur, servant des contre-marques de la main gauche et un petit verre de la main droite, car il est lui-même le limonadier de sa boîte.

— Comme tu dis, ça n'empêche pas qu'il me contrarie plus souvent qu'à mon tour.

— Bah ! voyons.

— Eh bien ! cet homme a une manie... D'abord, il faut vous dire que je suis à la fois son premier rôle et son premier régisseur. Je dis : premier régisseur, c'est pour me flatter, car il n'y a pas de second. — Comme régisseur, je suis naturellement chargé des bruits de coulisses, tels que roulement de voiture, grondement de tonnerre, cris d'animaux, etc. Or, ce farceur de directeur adore les cris d'animaux. Il n'y a pas plus heureux que lui quand la situation en exige. Les auteurs, qui connaissent son faible, en fourrent partout; il faut que je m'en charge ! Je suis exténué. Et puis, je ne les réussis pas tous. Je me tire proprement du chien ; mais les autres cris... Va te promener ! Ils me restent dans le gosier. Le directeur me fait des misères, en me soutenant que je compromets le succès de ses pièces ! Hier, j'en ai eu assez ! il s'agissait de contrefaire l'âne. Mon patron est superbe dans cet emploi ; il faut lui rendre cette justice : quand il me remplace dans la coulisse, on dirait un vrai âne. Cette fois, il lui a pris une lubie ; il n'a pas voulu me remplacer, ce qu'il faisait toujours avec plaisir. Alors, nous nous sommes vexés : il a pincé sa voix de fausset ; moi, j'ai fait résonner mon tam-tam. Bref, ça a mal tourné... Je le lâche. Sans adieu, les amis.

Après son départ, les deux interlocuteurs restant gardent le silence. Chacun se dit à part soi : « Si j'allais voir le directeur de Rifollard ? »

Avec tout cela, les artistes sont généralement de grands enfants plus malicieux que méchants, et ils fournissent peu de sujets à la police correctionnelle et moins encore à la cour d'assises.

Le répertoire des causes criminelles nous offre un fait très-extraordinaire composé d'un assassinat par amour et de l'intervention libératrice du tonnerre.

Un jeune acteur de la banlieue était passionnément épris d'une très-jolie personne, bonne et douce, qu'il devait épouser. Il eut le tort d'en faire au préalable sa maîtresse. Ce titre n'inspirant pas le respect, un camarade s'avisa de courtiser la demoiselle. L'autre est instruit par d'obligeants amis, qui lui font accroire qu'il est trompé. — N'écoutant que sa jalousie, il provoque son rival ; il le blesse en duel.

Cette vengeance ne lui suffit pas. Il court chez la jeune fille, il l'accable de reproches et d'injures. Elle l'écoute sans colère, en le regardant d'abord avec étonnement, ensuite avec des yeux mouillés de larmes. Plus elle est douce et résignée, plus il s'irrite, plus il s'exalte. Les yeux lui sortent de la tête, il écume ! Enfin, au paroxysme de la fureur, il saisit un poignard et en frappe la pauvre créature. Elle pousse un cri, et joint les mains sur sa blessure, comme si elle eût voulu prier. Ce geste, qui aurait dû transformer en pitié et en remords la rage du jaloux, ne fait qu'augmenter son délire. Il frappe encore, il tue !... Avant d'expirer, la pauvre femme peut murmurer ces mots touchants : « Je... te... pardonne ! Je suis... innocente ! » Et elle l'était, en effet !

A la vue de sa victime immobile, le malheureux sent un froid glacial remplacer dans ses veines le feu qui les brûlait. Il se rend compte de toute l'horreur de son crime ! Alors, voyant à terre le poignard qu'il avait laissé tomber, il le ramasse, il l'assujettit dans sa main tremblante, et se dispose à le plonger dans son cœur, mais une force supérieure arrête son bras levé.

Des voisins étaient accourus. L'un d'eux, un solide gaillard, s'était élancé sur le jeune homme, à temps pour l'empêcher d'ajouter le suicide au meurtre...

L'affaire suivit son cours. Le coupable comparut devant la cour d'assises. Sa cause avait pris une fâcheuse tournure, bien qu'il eût pour avocat Mᵉ Hardy, dont l'âme chaleureuse était éminemment propre aux luttes de la défense criminelle. L'autorité de sa personne rehaussait celle de sa parole.

Le barreau garde précieusement le souvenir de Mᵉ Hardy. Dans sa carrière honorable, il est impossible d'omettre, puisque l'occasion se présente de le citer, ce trait si généreux : Contre toutes ses convictions personnelles, et malgré ses ardentes plaidoiries, un pauvre diable avait été condamné et exécuté. Il laissait un fils dans la misère ; le défenseur adopta l'enfant...

Je reviens à notre meurtrier par amour.

Le ministère public avait réclamé contre lui une répression sévère. Une atmosphère de mauvais augure pour le coupable, semblait peser sur la cour et sur le jury. Le défenseur était désespéré : son client l'intéressait, comme ayant agi sous l'empire d'une passion inconsciente.

Tout à coup, des éclairs sillonnent l'espace et jettent dans la salle des lueurs livides. Leur apparition explique la lourde électricité dont chacun subissait l'influence. Le tonnerre, avec ses roulements sourds, aboutissant à des éclats sinistres, impressionne de plus en plus les cœurs.

Alors, Mᵉ Hardy eut une inspiration de salut : au lieu d'attendre la fin de l'orage, il fait, du fracas des éléments, un suprême moyen de défense. Reprenant la parole, il adjure celui qui manifeste en ce moment sa toute-puissance, lui, le juge éternel d'en haut, de venir à son secours auprès des juges d'ici-bas. Il prie, il pleure ; sous le formidable accompagnement de la foudre, son éloquence devient plus haute, son émotion plus solennelle et plus pénétrante... bref, il fait acquitter l'accusé !...

Celui-ci avait eu deux avocats pour le défendre : Mᵉ Hardy et... le tonnerre.

Autrefois ce n'étaient point les acteurs, mais les auteurs que le public *rappelait* à la fin d'une pièce, ou même d'un acte à succès.

Ce genre d'ovation mit parfois dans l'embarras, à l'origine, les régisseurs qui se demandaient, à l'issue d'une œuvre lyrique, si le public criant : *L'auteur, l'auteur*, rappelait celui du poëme ou bien celui de la musique.

Un soir, après la représentation de *la Réconciliation villageoise*, charmant opéra-comique de Laribadière, musique de Tarade, on demande l'auteur à grands cris. Laribadière se présente, et, montrant son manuscrit, il indique qu'il a fait le poëme. Tarade, qui n'a rien perdu de cette scène, se précipite à son tour sur le théâtre ; il déploie sa partition et l'agite fiévreusement. Les spectateurs comprennent, se mettent à rire, et ensuite ils confondent dans leurs applaudissements les deux collaborateurs.

VI

VARIA

LES PHASES DE LA CENSURE

N 1537, les clercs de la basoche, excités par les premiers succès des *mystères*, demandèrent aussi la permission de donner des jeux scéniques, dont ils avaient composé les poëmes.

Une farce un peu trop libre, qui, vraisemblablement, a donné lieu au conte du *Coupeur d'oreilles*, de La Fontaine, et quelques autres farces qui n'étaient que des satires, furent cause qu'on les soumit à une censure :

« Arrêt du Parlement, du 23 janvier 1538, qui accorde aux basochiens de faire jouer leurs pièces à la *table de marbre* (au Palais de justice), ainsi qu'il est accoutumé, en observant d'en *retrancher les choses rayées*. »

Cet arrêt de 1538 fut, évidemment, l'origine de la *censure*.

Sous Louis XII, le *père du peuple*, les clercs de la basoche obtinrent latitude complète.

Plus de censure. — « Attendu que de tout temps personne ne voulait lui (Louis XII) dire la vérité, ce qui était cause qu'il ne pouvait savoir comment son royaume était gouverné ; et, pour que la vérité pût arriver jusqu'à lui, il permit les *théâtres libres*, et voulut que sur iceux on jouât librement les abus qui se commettaient, tant en sa cour comme en son royaume, pensant par là apprendre et savoir beaucoup de choses, lesquelles autrement il lui était impossible d'entendre. »

La personne du roi ne fut point épargnée, mais il fut le premier à en rire.

En 1702, le roi Louis XIV ayant trouvé *le Bal d'Auteuil*, comédie de Boindin, beaucoup trop libre, un censeur fut chargé dès lors d'examiner tous les ouvrages destinés au théâtre.

Inutile de dire que la république de 1792 supprima toute espèce de censure.

Mais, en 1803, la censure est jugée nécessaire. La question s'agite au conseil, qui désire qu'elle incombe au ministre de la police. Bonaparte décide que l'autorité supérieure de la censure sera déférée au ministre de l'intérieur.

Censure sous Louis XVIII.

Censure sous Charles X.

En 1830, la censure dramatique est supprimée.

En 1835, après l'attentat de Fieschi, et comme conséquence des lois de septembre, la censure est rétablie après un discours de M. Thiers.

En février 1848, abolition de la censure.

Du 11 septembre 1835 au 23 février 1848, 8,330 ouvrages avaient été soumis à l'examen de la commission de censure ; la moitié avait obtenu une autorisation pure et simple ; 123 furent frappés d'interdiction, et les autres, environ 4,000, obligés de subir des changements.

Le 5 mars, les auteurs dramatiques, ayant Bayard à leur tête, se rendent en corps à l'hôtel de ville, où ils sont reçus par le citoyen Crémieux, membre du gouvernement provisoire, qui, répondant à Bayard, lui dit : *Il n'y aura plus de censure que pour nos actes*.

En 1850, rétablissement de la censure.

En 1870, le 25 septembre, la censure est abolie.

En 1871, la censure est rétablie, et vu l'état de siége, on la pratique pendant quelque temps au nom du gouverneur de Paris. On la place au Louvre, ensuite elle est transférée au Palais-Royal.

LA LÉGENDE DES INCIDENTS COMIQUES DE L'OPÉRA
DE *PAUL ET VIRGINIE*

Il n'y a pas de pièce au théâtre qui ait donné lieu à plus d'incidents comiques que *Paul et Virginie*. — Je ne parle pas de l'opéra de Macé, mais de l'ancienne pièce de l'*Opéra-Comique*, qui s'est jouée pendant plus de quarante ans sur tous les théâtres de France et de l'étranger.

A Orléans, il y a de cela quelque trente ans, on avait repris *Paul et Virginie* pour le début d'un jeune ténor. On sait qu'au premier acte, le bon nègre, à la recherche de ses jeunes maîtres, les retrouve, grâce à l'intelligence du chien qui le guide dans ses recherches. Ce digne barbet appartenait à *Paul*, le débutant. Après le premier acte, *Paul* attache son chien dans la coulisse, à un portant; mais au troisième acte, ce fidèle caniche croit son maître en danger en le voyant s'élancer dans les flots au secours de *Virginie*; alors il rompt la corde qui le retenait, s'élance à son tour sur les toiles peintes qui représentent la mer, et il revient triomphalement en scène en suivant toujours son maître et *Virginie*.

Thibouville, charmant ténor de province, avait la vue extrêmement basse. Il distinguait mal les personnes et les choses, et plus encore lorsqu'il se trouvait en scène, où ses lunettes lui manquaient.

Un soir il jouait *Paul*. Au grand finale du second acte, lorsque l'on vient chercher Virginie, il doit se précipiter vers la jeune fille, la prendre dans ses bras, en jurant qu'on lui arrachera la vie plutôt que l'ange qu'il adore... Abusé par sa myopie, Thibouville se jette sur la duègne. Celle-ci le repousse et lui dit vainement : « Mais tu te trompes !... Je ne suis pas ton amante !... Je ne suis pas Virginie !... » Au milieu des *tutti* de l'orchestre et des chœurs, il n'entend rien. Il continue de serrer passionnément dans ses bras la duègne que personne ne songe à lui ravir...

Dans une ville de troisième ordre, le rôle de *Virginie* était rempli par une actrice d'un embonpoint remarquable. A l'acte du naufrage, le praticable (sur lequel se trouvait *Virginie*), craquant sous le poids, se détacha complétement du navire, et *Virginie* resta immobile au milieu des flots, tandis que le vaisseau continuait de lutter contre les éléments. — Le public désillusionné se fâcha, siffla, par la raison qu'il n'était pas venu au théâtre « pour voir prendre un bain de pieds à *Virginie*. »

Autre incident analogue.

Dans une ville où l'on s'apprêtait à jouer *Paul et Virginie*, du même ancien Opéra-Comique, le machiniste local avait imaginé, pour le naufrage, une équipe plus ingénieuse que celle de Paris. Le dénoûment était heureux : l'auteur de la pièce sauvait Virginie, et la rendait à Paul. Avant ce fortuné rapprochement, le livret indiquait que Virginie, tombée du *Saint-Géran* dans les flots en courroux, devait être mise en péril, de manière à tenir le public en émoi pendant quelques minutes. Après quoi, on la voyait rentrer en scène, au milieu d'une ivresse générale.

Le machiniste avait porté son effort sur les péripéties de Virginie, lancée au fond de l'abîme, et reparaissant au sommet des lames. Il avait réussi à rendre ces mouvements de manière à faire illusion. Virginie, remplacée par une figurante, est donc ballottée par les flots, avec un effet nature que le public, profondément impressionné, applaudit à outrance. Heureux et fier de ce triomphe, le machiniste se complaît dans le jeu de son équipe. Mais il le prolonge trop, car, tandis qu'il laissait toujours en danger, sous les yeux du public, la fausse Virginie, l'autre, la vraie, était entrée en scène sans se douter que son sosie se balançait derrière elle sur la crête des vagues en fureur!...

Les directeurs des théâtres de province ont eu parfois des procédés très-bizarres. A Château-Chinon, la troupe manquant de femmes, le directeur remplaça les deux mères par deux pères.

La feuille de bananier sous laquelle s'abritent

Paul et *Virginie* a mis à la torture l'esprit de plus d'un garçon d'accessoires, qui s'est dit : « Une feuille de... comment ça peut-il bien être fait? » Dans une ville d'arrondissement, l'un d'eux trancha un jour la question d'une façon originale. « Voyons, se dit-il, il s'agit pourtant de garantir Virginie de la pluie, à quoi bon une feuille de... chose? j'ai mieux que ça au magasin. » Après avoir secoué la poussière du vieux parapluie rouge traditionnel (quel est le magasin d'accessoires qui n'a pas son parapluie rouge?), il le mit entre les mains des deux amants, et leur dit : « Voilà votre affaire ; vous serez bien mieux à l'abri là-dessous que sous une feuille de... chose. »

LES PARFUMS AU THÉATRE

Chaque époque théâtrale a eu son parfum spécial, durant les représentations.

Paul de Kock nous égayait autrefois, lorsque dans ses moments de bonne humeur, entre deux accès de goutte, il nous parlait des aromes particuliers à certains petits théâtres des anciens boulevards...

Un moment, nous disait-il, tout fut à la menthe : pastilles, bonbons, boissons, sucres d'orge, eaux de

senteur... à la menthe, rien qu'à la menthe !
« Lorsque je parcourais les rangs de mes chères grisettes, ajoutait Paul de Kock, leurs bouches fraîches et friponnes me saluaient d'un souffle uniforme de menthe odorante. Il me semble que je l'aspire encore. »

Le vinaigre de Bully détrôna la menthe. Au moment pathétique d'une pièce, les dames et demoiselles ouvraient ensemble leurs mouchoirs pour éponger leurs pleurs, et alors il se dégageait dans la salle un arome de vinaigre du meilleur effet. C'était rafraîchissant et sain.

Une fois, dans un petit théâtre, on eut l'idée de clouer, dans les couloirs, des paquets de lavande, à l'effet d'améliorer les senteurs locales. La lavande n'eut point de succès, et ne vécut qu'un seul jour.

Vinrent ensuite le règne du vétyver, celui de l'eau de Cologne, celui du patchouly.

A une certaine époque, la mode fut aux aromes de rose. Les premiers *éventails-annonce* que l'on distribua gratuitement aux spectateurs, étaient imprégnés de l'odeur de cette fleur, odeur avariée, du reste, et désagréable, comme l'est tout méchant parfum.

Le spéculateur qui exploitait les éventails avait choisi l'odeur de la rose, par cette raison que l'on jouait alors une pièce à décors intitulée : *le Miracle des roses*. C'était une galanterie de sa part.

Il n'y avait pas moyen de se fâcher. On tolérait donc son invention... tant qu'on ne l'avait point sous le nez.

Un jour, le monsieur aux éventails eut la malencontreuse idée d'offrir au directeur, et pour l'honorer, un de ses produits, plus parfumé que ceux destinés au public : « Eh ! mon ami, lui dit Béraud, en le repoussant, un miracle encore ! Transformez-moi instantanément cette senteur infecte en une odeur possible ! »

Enfin, voici la période des fleuristes et des fleurs élégantes.

L'art du bouquet de théâtre se perfectionne et s'étend. La gamme florale s'assortit aux localités ; camélias, lilas blancs, roses rares, fleurs exotiques, sont réservés aux grands quartiers ; le reste s'écoule plus loin..

Généralement les fleurs ont peu d'odeur lorsqu'elles sont destinées à une soirée de spectacle. On craint, avec raison, les maux de tête ; mais on ne persiste pas moins à employer des parfums très-suaves sans doute, mais bien plus capiteux que des bouquets embaumés.

Je proclame, grâce aux renseignements de mon savant confrère et ami le docteur Hector Georges, le triomphe prochain du *dahlia odorant*.

Un *savant horticulteur* a annoncé à l'Académie des sciences, et télégraphiquement encore, — tant la chose lui a semblé pressante ! — qu'il venait de trouver le secret de la production du dahlia à odeur. Jusqu'à présent, la nature avait refusé à cette fleur le don inestimable d'un arome suave et personnel. Si l'art le lui accorde, il n'est point douteux que le dahlia, parfumé de naissance, ne devienne la fleur portée au théâtre et dans les bals.

Mais c'est le camélia qui ne sera point content !

LUXE DES MOBILIERS DE SCÈNE

Où s'arrêtera le luxe des mobiliers de théâtre sur la scène? Quelque jour il faudra, de splendeur lasse, en revenir à l'ameublement d'autrefois, y compris celui que l'on se bornait à peindre sur les décors.

C'était peut-être naïf, mais la vraisemblance relative du théâtre y trouvait son compte. La fiction du fond s'accommode de la fiction de la forme, et ceux qui soutiennent que, pour être logique, il faudrait en arriver à jouer du drame réel, avec une mise en scène réelle, ne sont pas dans leur tort.

Cependant le meuble et l'accessoire *nature* n'ont pas tout envahi. On se sert encore beaucoup de carton et de bois peint. Les meubles en palissandre, en vieux chêne, en acajou, en laque de Chine; les rideaux en brocatelle de soie; les ustensiles en or, en bronze, en cuivre et même en zinc, ne sortent pas tous des grands magasins. On y viendra : — en attendant, le bois de sapin chantourné par le machiniste, et la peinture à la colle du décorateur servent à faire le simulacre de beaucoup d'accessoires artistiques.

Le réalisme luxueux est-il véritablement un progrès? Sur cette question, on pourrait répandre des flots d'encre : nous ne lui en consacrerons que quelques gouttes, et encore des moins épaisses.

En principe, le public se contente parfaitement d'une mise en scène peu coûteuse, pourvu qu'elle soit correcte, et surtout pourvu que la pièce l'amuse ou l'intéresse. L'ameublement, si riche, si étudié qu'il puisse être, ne sera jamais pour lui qu'une question de médiocre importance.

Les auteurs et les directeurs qui font tant d'efforts, les uns pour trouver, les autres pour acquérir chèrement un meuble réputé exact, seraient bien étonnés et peut-être déconcertés, s'ils pouvaient se douter du petit nombre de spectateurs qui s'en préoccupent. Sans doute, lorsque le rideau se lève sur un ensemble riche et harmonieux, on éprouve une sensation agréable; mais elle est bien superficielle.

Quand la pièce attache, on ne regarde guère que les acteurs chargés de l'interpréter et de la passionner. Qu'importe la splendeur des tables et des siéges! On s'occupe de l'action et des sentiments des personnages. Action et sentiment constituent le vrai et inépuisable attrait.

On pourrait même soutenir que le luxe et la multiplicité des siéges et canapés du répertoire moderne, encombrent souvent une comédie — au lieu de la servir. — Pour utiliser tant « de commodités de la conversation, » les metteurs en scène se donnent la torture : ce qu'ils combinent de promenades à travers les chaises et fauteuils du théâtre est inimaginable. On va, on vient, on se place, on se lève, on se replace, ici, là, à droite, à gauche, en avant, au fond, si bien qu'on semble s'occuper tout autant d'*asseoir* une scène que de la dire.

Le vieux système, qui consistait à parler au public, en face, et presque tout le temps sans rompre ni le dialogue, ni l'angle d'attention, ce système avait du bon !

J'en reviens à ma question du commencement. Où s'arrêtera-t-on dans le luxe de l'ameublement théâtral? Je ne saurais le dire par la raison que tout succès oblige, celui du mobilier comme un autre.

Ce réalisme nous vient des Anglais. Il y a une vingtaine d'années, Mme Céleste, d'origine française, mais devenue Londonienne par goût, par habitude, et de plus, par profession, puisqu'elle était directrice d'un théâtre dans le *Strand*, voulut renchérir sur tout ce qui s'était fait dans l'ordre des mises en scène nature.

Elle imagina de meubler un salon de théâtre (dans *le Meurtrier*) avec une foule d'objets précieux : chinoiseries, verres de Bohême, etc., qui ornaient son salon particulier : on en avait surchargé plusieurs belles étagères. En les contemplant, Mme Céleste éprouvait une satisfaction intime, mêlée d'un sentiment d'orgueil. C'était superbe autant que nouveau.

Par malheur, au moment d'un changement de décors, une fausse manœuvre du tapis, sur lequel meubles et bibelots étaient posés, les fit chavirer... Les objets coûteux se brisèrent ; Mme Céleste en comptait tristement les morceaux épars !

Aux représentations suivantes, elle remplaça les étagères et les bibelots de prix par une console boiteuse surmontée d'un vieux buste en plâtre de Wellington.

Voilà ce que l'on peut appeler un noble dépit !

LES ACCESSOIRES

On sait que le mot « accessoire » signifie, en langage de coulisses, l'objet nécessaire au jeu de la scène, tel que : écritoire, plume, papier, flambeau, pendule, canne, épée, poignard, etc. Les accessoires se divisent en accessoires de scène et accessoires de décoration. Les premiers s'entendent de tout ce qui peut rentrer dans la catégorie ci-dessus, et, en outre, des meubles servant à une pièce, ainsi que des rideaux, portières, etc., mais à la condition qu'ils soient « nature, » c'est-à-dire du domaine d'un tapissier.

L'accessoire de décoration comprend tous meubles ou objets portatifs, confectionnés dans l'atelier de menuiserie du théâtre, et peints par le peintre décorateur, soit que ces objets ressortent en ronde-bosse, soit qu'ils figurent simplement sur un châssis.

L'accessoire de scène est placé dans le service du chef et des garçons d'accessoires.

L'accessoire de décoration est dévolu à la brigade des machinistes. Ils sont chargés de le mettre en place et de le remporter ; aussi garçons d'accessoires et ouvriers machinistes ont-ils grand soin de bien constater et de maintenir les distinctions, afin de rester, de part et d'autre, dans la limite de leurs corvées respectives.

A l'époque où les accessoires de décors avaient moins d'importance, ils donnèrent lieu à un incident qui, pendant quelques jours, alimenta la conversation des foyers parisiens.

Ce fut à l'occasion de la bouffonnerie intitulée : *l'Ours et le Pacha*, aux Variétés. Depuis les dernières répétitions de *l'Ours et le Pacha*, la discorde avait brouillé le chef d'accessoires et le maître costumier. L'un revendiquait les peaux d'ours comme appartenant à son service de scène; l'autre les réclamait comme faisant partie de son magasin de costumes.

La querelle s'envenimait entre les prétendants. Comme tous les deux prêtaient à rire, les comédiens, pour s'en amuser, les excitaient au lieu de les calmer. Brunet, le directeur, fut instruit de ces dissensions intestines. Il fit venir les chefs de service. Sans leur laisser le temps de discourir, il trancha la difficulté à la façon de Salomon. Au costumier, il adjugea la peau noire ; au chef d'accessoires, la peau blanche.

LES MISES EN SCÈNE DE TABLE

Le réalisme de table a, de tout temps, été accentué avec le plus grand soin dans les mises en scène de la Comédie-Française, qu'il se soit agi du répertoire ancien ou du théâtre moderne.

Provost ne buvait en scène que du bordeaux de première qualité.

Monrose était intraitable sur le chapitre des volailles à découper devant le public. Il les lui fallait en chair et en os, et d'une provenance respectable. Il se serait absolument refusé à désarticuler des membres en carton, à l'imitation des pièces anatomiques du célèbre docteur Auzoux.

Dans un ordre d'idées moins matérialistes, Mlle Mars détestait les fleurs artificielles, pour ses jeux de scène. Elle voulait des bouquets nature, et elle en avait toujours de superbes. Les nombreux admirateurs de cette incomparable *diva* de la comédie épargnaient, sur ce point, plus d'une dépense à l'administration.

L'emploi d'accessoires réels pour les repas de théâtre n'a gagné que tardivement les scènes d'ordre secondaire. La *soupe aux choux* est cependant d'ancienne date, mais en ce qui me concerne, c'est au second acte du *Naufrage de la Méduse* que j'ai vu pour la première fois, aux boulevards, fumer en scène une vraie soupe aux choux. « L'accessoire » était préparé par la concierge du théâtre, qui y apportait tous les soins et tous les légumes nécessaires. Elle la mettait au feu vers trois heures de l'après-midi ; aussi, à partir de cinq heures, les couloirs de l'administration embaumaient, contrairement à l'usage.

La première répétition de la soupe aux choux se fit la veille de la représentation. Mlle Racine, qui jouait le rôle de la servante d'auberge, et à qui incombait, par conséquent, le maniement de la soupière, n'avait jamais eu en mains qu'un ustensile vide et destiné à figurer.

Ce soir-là, l'actrice arrivait en retard et n'avait que le temps de se précipiter sur la scène, sans accorder la moindre attention aux fumets insolites que humaient les comparses rangés le long de l'escalier voisin de la cuisine. Mlle Racine saisit la soupière hermétiquement coiffée du couvercle ; elle apporte le tout en scène, conformément à son rôle, elle enlève le couvercle pour servir les invités. O surprise ! ô délices ! l'arome culinaire se dégage, remplit la scène et la salle. Tous les yeux brillent de convoitise ; les assiettes sont avidement tendues. Mlle Racine elle-même subit le charme ; sans doute elle avait mal dîné. Elle reprend la soupière, elle l'entoure de ses bras pour la protéger, et elle esquisse un pas joyeux qui menace de faire chavirer le potage. Un cri d'effroi se fait entendre ; mais la voix du directeur domine le tumulte et calme Mlle Racine : « Bravo, ma petite, s'écrie-t-il, garde avec soin l'effet que tu viens d'improviser, et danse ferme, demain, devant le public. »

Mlle Racine suivit le conseil ; elle eut un succès fou... et la soupe aussi.

LES FUNAMBULES ANCIENS ET NOUVEAUX. — PANTOMIMES ET PANTOMIMISTES. — LES ANCIENS THÉATRES DE LA BANLIEUE. — SAINT-MARCEL. LE DERNIER THÉATRE DE LA FOIRE SAINT-LAURENT. AUGUSTE JOUHAUD.

Ouvert par tolérance en 1816, *le théâtre des Funambules* fut un de ceux qui éprouvèrent pendant leur existence le moins de vicissitudes.

Pour pénétrer dans la salle des *Funambules*, cave enfumée, exploitée primitivement par une troupe de chiens savants, il fallait descendre six marches, au bas desquelles on trouvait deux rangs de loges, puis une scène étroite.

Bertrand père acheta ce théâtre et le fit reconstruire et agrandir. — Pour faire concurrence au *théâtre de Mme Saqui*, on établit un spectacle nouveau de danseurs de corde, auquel on joignit la pantomime. Ceci se passait au boulevard du Temple.

Les frères Laurent, qui avaient fait en Angleterre le métier de clowns, donnèrent plusieurs féeries dans le genre anglais; autant l'aîné des frères Laurent avait d'agilité et de souplesse dans le rôle d'*Arlequin,* autant l'autre était lourd et raide dans le personnage de *Pierrot*.

La révolution de 1830 permit à Bertrand père de supprimer la danse de corde, mais il eut le bon esprit de ne pas renoncer à ses pantomimes-arlequinades, où le jeu spirituel et fin de son mime Gaspard Deburau attira longtemps la foule. (Le rôle de *Pierrot* a pris naissance à Paris dans la troupe des *comédiens italiens*. La vraie pantomime italienne ne connaissait que *Gille, Scapin, Scaramouche,* etc.)

C'est aux *Funambules* du boulevard du Temple que Frédérick Lemaître fit ses premières armes dans la carrière. Après avoir débuté chez Mlle *Rose*, où il tomba de la corde, puis au *Cirque*, où il tomba de cheval, il signa, le 10 décembre 1826, un engagement avec Bertrand, et fit le succès d'*Arimane*.

Les *Funambules* ont eu leurs auteurs : Eugène Grangé, qui leur a donné *la Bague de la Vierge* et *Rien pour rien*; Albert Monnier, Hippolyte Messant, Dervaux, Ch. Danvin, Jouhaud, Champfleury,

Dautrevaux. Les *Funambules* avaient aussi des *étoiles* : Deburau père, Deburau fils, Paul Legrand, Laplace (*Cassandre*), Cossard (*Arlequin*), Alexandre Guyon, Cordier, Philippe (*les sorciers*), et ce pauvre Pelletier qui avait rêvé le *théâtre du Palais-Royal*, et qui est mort souffleur à *la Gaîté* ; enfin Charles Charton (*Léandre* dans sa jeunesse), devenu metteur en scène et contrôleur en chef, investi de toute la confiance de Bertrand, de Billion, et sachant par cœur toutes les pantomimes du répertoire.

Du côté des femmes, Mmes Joséphine (*les fées*), Isménie (*les Colombines*), Satin, Béatrix, Eugénie.

Le *théâtre des Funambules* a eu pour directeurs Bertrand père avec Fabien ; Bertrand fils avec d'Ordan comme administrateur ; Billion ; Cléophas Rumboldt (dit Dautrevaux), avec de Fléchelle et Angrémy pour associés, et enfin, Dechaume, jusqu'à l'expropriation.

Le 8 février 1862, un sieur Poiret, Auvergnat, ouvrait au boulevard de Strasbourg un théâtre auquel il avait donné le nom de *Marionnettes-Lyriques*.

Tout s'use à Paris, et les *Marionnettes* de Poiret subirent la loi commune. Le *commissaire* ne faisait plus d'argent ; alors l'impresario remplaça, en septembre 1866, ses marionnettes par des acteurs.

L'idée lui vint ensuite de profiter de l'ancienne renommée du boulevard du Temple, et de donner à son théâtre le titre de *Funambules*.

Billion, qui avait acheté à Bertrand fils le *théâtre des Funambules*, protesta contre cette usurpation de titre, mais l'affaire n'eut pas de suite.

En 1874, Mme Poiret mourut ; comme elle était le seul homme de la famille, le théâtre, sans elle, cessa de prospérer, et Poiret se vit forcé d'abandonner l'entreprise.

M. Henri Gondré, propriétaire de l'hôtel de Suez, attenant au théâtre, installa les *Funambules* au boulevard de Strasbourg, les remit sur leurs jambes, et.... ils y sont encore.

Le genre des Funambules s'est modifié. Le répertoire d'aujourd'hui offre la comédie de genre, le vaudeville avec airs modernes. Les vaudevilles sont proprement joués, la mise en scène est propre ; le dialogue est aussi d'une propreté appréciable. Ainsi, on ne se permettrait plus de réflexions dans le genre de celles que l'on acclamait au boulevard du Temple, par exemple lorsque Pelletier disait : « Allons ! bon ; encore une punaise sur le beurre ! Qu'est-ce que Mme la comtesse va dire ? »

Les Funambules actuels abordent parfois l'opérette.

J'ai constaté avec douleur que la pantomime était bien négligée !... Ce serait pourtant le cas de nous rendre un Deburau, un Cossard, et parmi les femmes une Mme Lefebvre ! Mme Lefebvre, grande et belle personne, honorablement mariée à un ouvrier, — ouvrière elle-même. Les anciens se la rappellent, alors que dans l'intervalle de deux scènes, elle piquait vivement des bottines sous le quinquet d'un portant ! — Mme Lefebvre, si majestueuse dans les rôles de fée unissant les amants, si terrible dans les mélodrames où elle exécutait le combat des quatre coups de sabre et les grands moulinets de hache, à l'effet de pourfendre le farouche Spalatro ou le criminel Brancadero !...

Et puis, quelle verve parmi tout ce personnel de l'ancienne pantomime ! Une ardeur endiablée ! Ils allaient, couraient, tournaient, tombaient, se repliaient sur eux-mêmes, à en perdre le souffle. Ce n'est pas maintenant que l'on trouve, aux Funambules ou ailleurs, cette bonne volonté, cette élasticité, cette dépense de sueurs auxquelles les acteurs de l'ancien théâtre se prêtaient si complaisamment !

En 1820, il se forme une sorte d'*arrondissement dramatique* de la banlieue de Paris. Seveste[1], an-

---

1. Grand-père du jeune et intéressant Seveste, de la Comédie-Française, tué dans la dernière guerre.

cien acteur du *Vaudeville*, est autorisé à y faire jouer des comédiens et des amateurs.

Les spectacles de la banlieue (en 1820) sont ceux du *Ranelagh* (parc de Boulogne), du *Nouveau-Ranelagh*, barrière du Roule (ces deux théâtres n'existent plus), de *Sèvres*, du *Montparnasse*, auxquels on a joint plus tard les théâtres de *Montmartre*, de *Saint-Cloud* (1827), de *Belleville* (1828), des *Batignolles* (1833, veuve Seveste et ses deux fils), *Batignolles-Monceaux*, bâti par M. Souchet, riche propriétaire de cette commune; de *Saint-Denis* et du *Belvéder*, barrière de Fontainebleau. Ce dernier théâtre disparut en 1840.

Vers cette époque florissait le petit théâtre Saint-Marcel, successivement dirigé par MM. Perrin, Antony Béraud, Alfred Guery, etc.

A de brillants débuts, succéda un triste dénoûment, tant pour ce théâtre que pour la plupart des nouveaux comédiens qu'il avait produits. Un jeune premier qui promettait un bel avenir, — *Lacourrière*, — mourut fou; *Alfred Willot* a fini à peu près dans le même état; *Édouard* se jeta par la fenêtre, à la suite d'un accès de fièvre chaude; *Letur* se tua, à Londres, en essayant un système d'ailes qu'il avait inventées.

Peu de personnes ont connu le dernier « théâtre de la foire Saint-Laurent. »

Vers 1840, dans un terrain vague, situé rue

Neuve-Chabrol (aujourd'hui rue de Strasbourg, près du marché, là où l'on a percé la rue d'Alsace, à côté de la gare de l'Est), il y avait un petit théâtre en planches vermoulues, qu'on appelait le *théâtre de la foire Saint-Laurent*, en souvenir des théâtres de l'ancienne *Foire*.

Ce théâtre, façon de *Petit-Lazari*, faisait les délices des gamins du quartier. Le directeur se nommait Émile Boujat, et jouait tous les beaux rôles avec Mme Émile, sa femme, qui passait pour la *Déjazet* de l'endroit.

Émile Boujat cumulait, avec ses fonctions de directeur et d'acteur, celles de buraliste, de régisseur, d'allumeur et de municipal. Il parlait au public et expulsait les gavroches quand ils faisaient trop de bruit, et troublaient la directrice en scène.

Émile Boujat, pour qui les droits d'auteur étaient un impôt très-lourd, avait joué la *Folle de Waterloo*, petit drame en deux actes, créé au *théâtre Saint-Marcel*, sous la direction d'Antony Béraud. — Sur une réclamation de l'auteur, le directeur du *Théâtre de la foire Saint-Laurent* reconnut lui être redevable de quelque argent pour les représentations de cette pièce. Boujat admettait bien la dette, mais il ne la payait point. Enfin, il fit une proposition : « Ma chatte, dit-il à l'auteur, vient de faire des petits, en voulez-vous un pour vos droits ? »

L'auteur était *Auguste Jouhaud*...

A ce nom, qu'il me soit permis de m'arrêter un moment. Je veux rendre pleine justice à l'un des hommes les plus laborieux, les plus producteurs, les plus intelligents que l'on puisse citer parmi les auteurs dramatiques.

Mais aussi, il est, à coup sûr, le plus modeste et le plus timide d'entre eux. Voilà pourquoi il s'est volontairement relégué aux rangs secondaires, alors qu'il était digne de paraître aux premiers.

Son œuvre est considérable. Il a fait, à lui seul, pour les petits théâtres et les cafés-concerts, plus de cent cinquante pièces !

Jouhaud est d'une douceur, d'une bonté et d'une honnêteté proverbiales. Ajoutons que c'est un bibliophile distingué.

Maintenant, je reviens à son chat... qui fut en effet le sien, car Jouhaud ne voulait point désobliger le pauvre directeur qui le lui offrait en payement. Il donna donc quittance en riant, et emporta « son droit d'auteur » sans l'intervention de l'agent général Peragallo.

Plus tard, Émile Boujat, expulsé du quartier Saint-Laurent, ouvrit un autre petit théâtre, rue Saint-Pierre-aux-Bœufs, dans l'ancienne église de ce nom. — Cette église avait servi pendant longtemps à un tonnelier.

Le **théâtre de la foire Saint-Laurent** devint

alors le *théâtre d'Arcole*. J'ignore quelle fut la destinée de ce théâtre. Seulement, j'ai appris que le directeur, Émile Boujat, était mort dans la misère en 1866.

CAFÉS-CONCERTS.

Après 89, on vit s'ouvrir un grand nombre de cafés où l'on jouait de petites pièces, et où l'on faisait de la musique. Ainsi, au Palais-Royal, il y avait le *Café du Sauvage*, qu'il ne faut pas confondre avec le *Café des Aveugles*. Au boulevard du Temple, on citait le *Café Yon*, où la chansonnette prit naissance, et le *Café Godet* qui, en 1814, devint le *Café de la Victoire*, illustré depuis par la pièce intitulée les *Cosaques*.

Les cafés où l'on chantait étaient complétement à la mode en 1816. Manquait-on de plancher de scène, on installait l'artiste sur un tréteau, sur une table, et tandis qu'*il* ou *elle* charmait le public, les « dames » de la troupe faisaient la quête.

Plus tard, on fréquenta le café *Moka*, rue de la Lune; le *Casino français*, au Palais-Royal : le café du *Cadran*, rue de ce nom ; le café de *France*, au Palais-Bonne-Nouvelle ; le *Géant*, au boulevard du Temple. Un incendie détruisit ce café, en 1862.

Le propriétaire, M. Pâris, — devenu ensuite acquéreur de *Bataclan*, autre café chantant, situé au boulevard Voltaire, — avait placé son premier établissement sous le vocable du Géant qu'il exhibait dans la salle entre deux morceaux de chant.

Pâris avait une grande affection pour son phénomène. Après la mort de ce pauvre long garçon phthisique, il lui consacra une poésie qui fut reproduite, à titre de curiosité, dans quelques journaux. Comme on faisait remarquer à l'auteur qu'un certain nombre de ses vers mesuraient quatorze pieds, et même plus : « Bah ! répondait Pâris, il était si grand ! »

Jusque-là, les cafés chantants s'étaient simplement nommés : *cafés*. On les voit alors prendre les titres de cafés-concerts, cafés-spectacles, etc... Signalons, dans une énumération rapide, le café-concert *Parisien*, du faubourg Saint-Denis, dont les directeurs, MM. Valentin et Fournier, possèdent une troupe que l'on peut qualifier « d'exceptionnelle. » Presque tous les artistes de l'un et l'autre sexe sont mariés, ce qui a fait donner à l'établissement le surnom de : Concert des Petits Ménages.

Le concert du *XIXe Siècle*, de M. Dajou, se distingue par les glaces qui décorent ses murs et par un comique très-populaire, M. Plessis, qui bat du tambour comme un lapin... de la vieille garde ; il accomplit une foule de tours de souplesse et de grâce grotesque et, après chaque exercice, il s'écrie avec une autorité imposante : « C'est pas fini ! »

Au faubourg du Temple, brillante réouverture de l'*Alhambra*, sous la direction de Mme Piccolo. Mme Piccolo est la mère de Mme Théo. La mère a fait des propositions à sa fille pour venir à l'Alhambra. On ne s'est pas entendu sur les conditions.

Le concert de la *Pépinière* (direction Girard), situé rue de la Pépinière, est une pépinière d'artistes. — A La Chapelle, c'est-à-dire à l'extrémité du faubourg Saint-Denis, les *Bouffes du Nord* visent à devenir théâtre. — En suivant le boulevard extérieur jusqu'à la place Moncey, nous trouvons le concert *Moncey*, où la salle est desservie par des femmes, comme au concert *Reischoffen* et à l'*Harmonie* du faubourg Saint-Martin. — Rue Biot, la salle du concert *Européen* semble faite pour un roulage. J'avais eu l'occasion d'y remarquer quelques commençants donnant des espérances. Ils ont émigré aux *Bouffes du Nord*.

Plus loin, le concert *Tivoli* ne prospère point, malgré ses efforts. On dirait que le voisinage du cimetière Montmartre lui porte malheur. Au concert de la *Gaîté-Rochechouart*, un bien drôle d'escalier sert, non pas à monter, mais à descendre dans la salle !

Traversons les ponts. Le *Chalet* remplace les *Folies-Dauphine* dans la faveur des étudiants. Au Montparnasse, les *Folies-Bobino* soutiennent la concurrence contre la *Gaîté-Montparnasse*. Du côté de Vanves, on rit encore de l'observation faite par le directeur, quelque peu illettré, d'un petit beuglant où l'on eut, ces jours derniers, l'ambition d'appuyer le piano accompagnateur par un orchestre. Le premier soir, le chef d'orchestre n'ayant point de flûte, se servit d'une clarinette d'occasion. La flûte vint le lendemain. Le directeur l'apercevant au moment où l'artiste jouait, courut à lui, et l'apostrophant à haute voix : « Monsieur, il ne faut pas de ça ! celui qui était ici hier, tenait son instrument tout droit au-dessous de sa bouche; vous, vous le tenez de côté, au risque de gêner votre voisin !... Non; il ne faut pas de ça ! »

Dans un café-concert de Levallois, les garçons sont engagés à deux fins : ils servent la pratique et ils chantent la chansonnette. Vous entrez ; vous demandez du café, je suppose, un garçon accourt, la cafetière à la main... il va verser... mais un coup de sonnette l'arrête. Il dépose vivement sa cafetière, il s'élance sur l'estrade et se met à chanter.

On l'applaudit ; il salue, et revient avec empressement s'occuper de son consommateur.

Pendant l'été, ce sont les *cafés-concerts* des Champs-Élysées qui tiennent la corde dans la course au bock. Il est superflu de signaler l'*Alcazar*, les *Ambassadeurs*, l'*Horloge*.

Nous avons gardé pour la fin l'*Eldorado*, la *Scala*, du boulevard de Strasbourg, et l'*Alcazar* d'hiver, au faubourg Poissonnière. Par le choix et le goût de leur répertoire, par la composition de leur personnel, où maint théâtre de genre est venu plus d'une fois chercher des étoiles, ces établissements tranchent, d'une façon digne d'éloges, sur l'ensemble de leurs congénères, où le médiocre, le banal et même le trivial menacent d'aboutir à quelque chose de pis encore, comme musique et surtout comme paroles. — Il faut cela, nous assure-t-on, pour stimuler le public. — Tant pis pour le public...

LES THÉATRES FORAINS.

Dernièrement j'ai fait la rencontre d'un de mes anciens pensionnaires du Châtelet; aujourd'hui il est enrôlé dans les troupes nomades qui desservent les champs de foire.

Je le priai de me donner quelques renseignements sur ce genre d'exploitation. Il se mit à ma disposition avec une bonne grâce parfaite. Pour suivre l'ordre hiérarchique je commençai par la question des directeurs. « Sont-ils enfants de la balle? » demandai-je.

— Généralement, non. Comment voulez-vous que, nous autres, nous fassions les premiers frais de nos baraques ? Elles comportent un matériel plus coûteux qu'on ne pourrait croire. Chacune a une ou plusieurs voitures pour transporter, d'une ville à l'autre, les artistes de la troupe et divers accessoires de service journalier.

— Mais ce ne sont que des chariots peu compliqués.

— Erreur, monsieur, très-compliqués au contraire. Dans ces voitures, il y a : cuisine avec fourneaux à gaz, salle à manger, chambre à coucher, sans compter les armoires, etc., etc.

— Un appartement complet !

— Juste. — Savez-vous comment nous appelons ces voitures ?... des *cavanes*.

— Pourquoi cavanes ?

— C'est par corruption de : caravanes.

— Ah ! bien. — Vos directeurs font-ils de bonnes affaires?

— Oui, monsieur. Il y a beaucoup moins de chances aléatoires que dans les théâtres. D'abord le loyer est nul ou presque nul. Et puis, nous n'allons que là où il y a la foule, tandis que les directeurs sédentaires sont obligés de l'appeler.

— Quelle peut être l'importance de vos recettes?

— Devinez.

— Mais, sept ou huit cents francs, dans vos grandes baraques.

— Vous n'y êtes pas. On fait jusqu'à trois mille cinq cents francs.

— Par jour?

— Oui, par jour, la nuit comprise. Dame! depuis l'après-midi jusqu'aux environs de minuit, nous donnons parfois *quinze* représentations! Les théâtres de Paris n'en sont pas encore là; ils y viendront.

— Dites-moi, avec leurs quinze représentations par jour, vos artistes doivent être sur les dents, et si on continue à ne leur donner que 20 ou 25 francs par semaine...

— Oh! monsieur, c'était bon autrefois! Maintenant nous avons des 200, des 300 et jusqu'à des 350 francs par mois! C'est devenu une carrière!

— Pardon; je croyais...

— Ajoutez que le directeur fournit les costumes, le blanc, le rouge et jusqu'aux cheveux de ces dames.

— Oh! vous m'en direz tant!

— Par exemple, il y a un envers à ce beau côté de la médaille. Je vous avouerai tout avec franchise. D'abord, on travaille un mois pour rien à titre d'essai. Ensuite on est tenu de paraître en costume, sur l'estrade. Enfin, il est interdit, dans les grandes baraques, de se montrer costumé chez le marchand de vins. *C'est très-gênant*, quand on meurt de faim ou de soif, parce qu'on n'a guère le temps de se mettre en bourgeois pour aller manger un morceau ou boire un coup.

— Oui, voilà qui est pénible.

— Après cela, nous avons des directeurs plus arrangeants les uns que les autres. Il s'en trouve, et le mien est de ceux-là, qui ont de l'éducation et de la délicatesse, et qui font mettre dans la coulisse un petit fût d'eau-de-vie, où les acteurs et les actrices ont le droit de venir de temps en temps reprendre des forces. Naturellement on s'observe, on est discret, par la raison qu'une attention en vaut une autre.

— Assurément : mais, entre nous, il doit y avoir par-ci par-là quelques abus... légers?

— Bien rarement, et c'est quelquefois sans malice. Ainsi, un jour, nous donnions *Jeanne d'Arc*. Celle qui faisait la demoiselle d'Orléans et qui d'habitude ne prenait jamais rien, se laissa persuader qu'une petite visite au baril lui ferait du bien. Elle n'en pouvait plus, car dans le rôle il faut taper dur sur l'Anglais. Elle va donc du côté de l'alcool. Ça lui fait un effet tel qu'elle ne pouvait plus se tenir sur ses jambes... Ah! monsieur! comme les spectateurs ont ri et applaudi!

— Cela ne m'étonne pas ; des connaisseurs !... Mais comment faites-vous pour donner un si grand nombre de représentations en quelques heures ?

— Rien de plus simple. Nous supprimons le dialogue. A quoi sert-il puisque ce qu'il contient peut se résumer en dix lignes ! Avec nous, *la Tour de Nesle* dure vingt minutes ; *le Bossu,* une demi-heure : nos auteurs particuliers connaissent nos besoins et ils s'y conforment.

— Ah ! vous avez vos auteurs « particuliers ? »

— Je crois bien : ils sont très comme il faut ; il y a, entre autres, un fonctionnaire de l'administration des omnibus qui nous trousse un drame en un rien de temps. Et du talent, monsieur, beaucoup de talent ! Il se nomme Menadet sur l'affiche, et il cache ainsi son nom véritable qui est Demanet... Mais pardon ; le plaisir de causer avec vous me fait oublier mon service. J'ai un rôle à jouer, et avant de m'habiller, il faut que j'aille replacer l'écriteau de la salle.

— Quel écriteau ?

— Celui où se trouve un avis important par cette période d'averses : « Il est défendu de fumer, mais il est permis d'ouvrir son parapluie. »

— Puis-je vous accompagner ?

— Mais certainement, monsieur. Chemin faisant je vous raconterai deux farces qui viennent d'arriver parmi nous... Dans une troupe où la directrice prépare la nourriture pour tout son personnel, on se plaignait qu'elle ne mettait jamais de lard dans la soupe aux choux. Sensible à ce reproche, elle réunit la troupe autour de la marmite, et fait voir un énorme morceau de lard qu'elle dépose, aux yeux de tous, dans ladite marmite. Il fallait se rendre à l'évidence. Mais admirez la rouerie ! La marmite servait aux tours de physique : elle avait un double fond !... le lard y restait emmagasiné au profit exclusif de la direction.

— Ah ! Ah !...

— Nous avons aussi l'aventure d'un jeune premier de ma connaissance. Le directeur était parti en avant, avec ses artistes, dans trois « cavanes. » La directrice suivait avec une voiture renfermant des bêtes, et le jeune premier, un très-beau garçon. Par méprise, la cavane de la directrice a fait fausse route, à ce point qu'elle n'a rejoint le directeur que le surlendemain... Mais nous voici arrivés ; je termine. Vous voyez bien cette petite baraque de triste mine, là-bas ?... Hier, les pauvres diables qui sont là dedans jouaient une pièce où deux acteurs n'ont qu'une culotte pour eux deux. Quand l'un sort de scène par le côté droit, il lance, à travers les frises, la culotte à son camarade resté du côté gauche. La pièce est arrangée de façon que les deux personnages ne soient jamais ensemble sur le théâtre.

Le petit manége marche bien, trois fois de suite. A la quatrième, la culotte reste accrochée dans les frises. Le public s'en aperçoit. Il se demande quelle est cette étoile nouvelle. Un indiscret débine le truc du costume. De proche en proche, l'explication se communique dans la salle qui était comble. C'est comme une traînée de rires. Tout à coup éclate une explosion de cris redemandant les deux acteurs à la culotte. « Qu'ils paraissent tous les deux ensemble! ensemble! » Vous pensez bien qu'ils ne se sont pas montrés !... Mais, mon Dieu! comme on a ri!

EMPLOI DES ANIMAUX AU THÉATRE. — LES ANIMAUX FACTICES. — UN DRAME DE SINGES.

A toutes les époques, les bêtes ont joué un rôle important sur les scénes théâtrales. Sans remonter aux cirques grecs et romains, et à ne parler que des temps modernes, le théâtre a employé une notable partie des animaux de la création.

Il a exhibé, tour à tour, des serins costumés en artilleurs, faisant l'exercice et tirant des coups de canon ; des oies, des dindons, entre autres celui des *Petites Danaïdes*, le pigeon de *Latude*, le *perroquet* de Déjazet, des cerfs, des biches et jusqu'à une tortue prêtée par Théodore Cogniard, pour je ne sais quel mélodrame.

Précédemment, nous avions eu *le Singe voleur, ou Jocrisse victime*, de Désaugiers, parodie de *la Pie voleuse*, jouée aux Variétés, où un *singe* fort bien dressé jouait le principal rôle. — La pièce et le *singe* firent beaucoup d'argent.

Rappelons encore les *Corbeaux accusateurs, ou la Forêt de Cercottes*, mélodrame de Caigniez, joué à la Porte-Saint-Martin, en 1816. Au moment du crime une troupe de *corbeaux* traversait la forêt. Les *corbeaux* déterminèrent le succès du drame.

Les animaux le plus communément mis en scène se classent dans des emplois très-distincts. Ce sont ou ceux de traîtres, ou ceux de sauveurs, ou ceux de comiques, ou simplement ceux de figurants.

Aux traîtres appartient *la Pie voleuse*. Quel type de scélératesse! Il n'existe pas de troisième rôle plus chargé d'iniquités que cette pie coupable! — Troisièmes rôles encore, les tigres, les lions, les serpents, dont on voit chaque jour les hauts faits sur nos scènes; je les trouve moins antipathiques que *la Pie*, car enfin leur férocité et leur force redoutable servent généralement à faire ressortir la supériorité de l'homme, ce qui est flatteur et encourageant pour les spectateurs.

Aux troisièmes rôles, opposons la catégorie des

animaux sauveurs. Ici, le chien est chef de l'emploi ; il ne saurait en avoir d'autre. Essayez de lui donner un rôle de traître, il le refusera ; n'insistez pas, il romprait son engagement. Aussi, quelle légende de générosité, de dévouement, d'intelligence tournée au bien et à la vertu ! Citons en abrégeant : *le Chien de Montargis, le Chien du régiment, les Chiens du mont Saint-Bernard, le Chien des Cosaques,* etc.

L'emploi comique est dévolu aux singes et aux ours. Une fois, par exception, et bien malgré elle, une collection de chats fut introduite dans cet emploi. — Un directeur du moyen âge imagina de faire construire un orgue, non pas composé de tuyaux comme les autres, mais d'une vingtaine de chats, enfermés séparément dans des caisses étroites où ils ne pouvaient remuer.

Leurs queues sortaient par en haut et étaient attachées à des cordes correspondant au clavier de l'orgue. A mesure que l'ours, comique principal, laissait tomber ses pattes sur les touches, il levait les cordes et tirait les queues des chats pour les faire miauler, ce qui composait des accords particuliers.

Après les comiques, viennent les animaux comparses. Ici, établissons une distinction entre ces derniers et leurs collègues à figure humaine. Les bêtes font toujours preuve d'intelligence ; les autres cachent trop souvent la leur.

Sous le rapport intellectuel, l'éléphant mérite une classification spéciale ; cependant on ne peut point le placer, au théâtre, parmi les grands premiers rôles. Il est trop gros. Il reste en tête de la figuration qui comprend bien.

Sur la scène, le cheval n'est qu'un bellâtre. Il est bon pour la pose, pour le premier aspect. Il entre et il sort au petit galop ; voilà son lot. On le surfait donc, quand on lui confie un premier rôle, témoin *le Cheval-Fantôme*. On cite une exception : *le Cheval du Diable*, drame de feu Saint-Hilaire.

Le cheval, au théâtre, n'est donc, le plus souvent, qu'un beau figurant, lorsqu'on le montre isolé. Si on le fait manœuvrer en nombre, alors la masse produit des effets grandioses et imposants. Une charge de cavalerie, sur le plancher d'une vaste scène, a toujours fourni un spectacle superbe.

Le chameau appartient à la figuration asiatique. *Les Massacres de Syrie* m'ont laissé, de ce doux et mélancolique animal, un souvenir affectueux. On en avait acheté cinq dans les montagnes de l'Atlas. Ils étaient très-beaux chez eux. La traversée, le mal de mer, le trajet en chemin de fer de Marseille à Paris, les endommagèrent considérablement. Jamais ils ne se sont bien remis, malgré les soins dont on les entoura. On poussait la prévenance jusqu'à ne les faire entrer en scène, aux répétitions, que lorsqu'on avait mis en place le décor représentant des montagnes semblables à celles de leur pays.

Avant de faire l'acquisition de ces pauvres bêtes arabes, on avait songé à emprunter les chameaux du Jardin des Plantes. Mais on se rappela que précédemment, et en dépit d'une autorisation du ministre de l'intérieur, les chameaux avaient été refusés au directeur de l'Opéra pour la mise en scène de *Jérusalem*. Le motif du refus était celui-ci : « Des animaux consacrés à la science ne pouvaient, *sans déroger*, monter sur les planches d'un théâtre, et servir à des plaisirs mondains !... »

Les rennes prêtés par le Jardin d'acclimatation, aux *Exilés* de la Porte-Saint-Martin, ont contribué au plaisir du public et n'ont point dérogé.

L'usage du *cheval factice* est très-pratiqué dans les villes de deuxième ordre, à cause des embarras que de véritables chevaux occasionneraient à la direction.

Dans *la Caravane du Caire*, il y avait deux emplois bien distincts : les *jambes de devant* et les *jambes de derrière* du chameau. — L'honneur de faire les jambes de devant revenait de droit à l'artiste le plus ancien.

En 1835, à Bruxelles, au *Théâtre-National* (dont le directeur était Belfort-Devaux, très-renommé pour la composition de ses affiches), on jouait un mélodrame de circonstance intitulé :

Fieschi, ou la Machine infernale. Belfort-Devaux remplissait le rôle de Louis-Philippe. Pour l'acte de la revue, il fallait un cheval au roi. Vainement on avait essayé de hisser un vrai cheval sur le théâtre, il fallut y renoncer. — On fit faire le cheval par le souffleur et le machiniste, à l'aide du procédé employé pour les chameaux : à l'un les jambes de devant, à l'autre celles de derrière.

Le jour de la première représentation arrivé, la salle était comble. On comptait énormément sur l'acte de la revue. — Les tambours battent aux champs, Louis-Philippe, *à cheval*, paraît au milieu de son état-major *à pied* ; il s'avance fièrement ; la machine Fieschi éclate... Belfort-Devaux, qui se disposait à affronter vaillamment le danger, debout sur son *cheval*, se trouve tout à coup par terre, les jambes en l'air. Le souffleur et le machiniste, qui avaient à se plaindre de leur directeur, avaient comploté ce coup de théâtre inattendu.

Le clown Mazurier faisait pleurer lorsqu'il jouait la scène de la mort de *Jocko*.

Frédérick Lemaître débuta au *théâtre des Variétés amusantes* par un rôle de *lion*, dans *Pyrame et Thisbé*. Se représente-t-on *Ruy-Blas* marchant à quatre pattes ?

Dans *les Deux Chasseurs et la Laitière*, par Anseaume (au Théâtre-Italien), c'était un des comiques de la troupe qui remplissait le rôle de l'*ours*.

Dernièrement, chez un montreur d'animaux, il s'est passé un curieux et intéressant petit drame de singes. — Les personnages étaient :

Un jeune et gentil petit singe, un amoureux séduisant tel que... Ne désignons personne;

Une guenon toute mignonne, mais, hélas! malade de la poitrine, — une dame aux camélias;

Un assez gros singe, vilain, traître, — un M. de Montsoreau, moins la bravoure;

Enfin, un tout petit criquet de singe, remuant, frétillant, ne restant jamais en place, riant avec des grimaces folles et convulsives, — un comique amusant comme... Ne désignons toujours pas.

La dame aux camélias, le Montsoreau et le criquet étaient déjà installés lorsqu'on amena le petit d'Artagnan. Il appartenait à une de nos bonnes comédiennes qui aime passionnément les bêtes. A la suite d'une discussion survenue entre une perruche préférée et son singe, elle condamna celui-ci à un exil momentané. La perruche avait cependant tous les torts.

On mit au petit singe son beau paletot des dimanches; on lui paya une voiture et on l'introduisit dans la grande cage de la gent simienne.

Grand bruit — à l'intérieur — de la part des habitants, lorsqu'ils aperçurent le nouveau venu. Il s'était craintivement blotti dans un coin : son paletot les intriguait et, sans aucun doute, ils méprisaient cet accoutrement. Le petit singe semblait un novice timide, soigneusement habillé par sa maman, et que l'on a subitement lancé dans une récréation d'écoliers turbulents et aux vêtements désordonnés.

Cependant, les *anciens* ne montraient aucun mauvais vouloir au *nouveau*. Après avoir un peu viré en sa présence, ils retournèrent à leurs jeux, à leurs lutineries, à leurs gourmandises.

Il ne restait que le gros singe : dépouillé, dépenaillé, charnu, il montrait çà et là des plaques rouges sur sa peau. Le petit singe lui déplaisait certainement. Il le regardait avec méchanceté. Le petit détournait les yeux et n'osait les arrêter sur ce gros gêneur.

Le Montsoreau s'était assis pour méduser d'Artagnan. Convaincu que la chose avait lieu, il s'approche et se met pour ainsi dire nez à nez contre l'ennemi. Celui-ci cherche à fuir ; aussitôt le gros singe allonge une patte, accroche la jaquette de drap fin, la déchire, et enlève un lambeau d'étoffe qu'il emporte prestement.

Le petit singe était ahuri ! on ne l'avait pas accoutumé à ces brutales façons d'agir. Tandis qu'il rassemble ses esprits, il entend à ses côtés un rire strident et moqueur. Il se retourne et aperçoit le criquet se trémoussant comme un épileptique.

D'Artagnan se dispose à tirer satisfaction, au

moins de cette insulte, mais son attention est détournée par des cris venant d'une autre extrémité de la cage. Le Montsoreau se livrait à des voies de fait sur un gentil petit singe qui se plaignait. Quel était son crime ? Il avait osé se permettre de convoiter le morceau d'étoffe ! C'était hardi, mais il y avait une circonstance atténuante : le gentil singe était une guenon, et, en outre, l'épouse du Montsoreau.

A cause de cela, et conformément aux mœurs du jour, cet indigne trépignait la pauvresse.

D'un coup d'œil, d'Artagnan saisit la situation, sans compter que son flair de jeune amoureux lui avait révélé une personne du sexe. Il bondit, il se précipite sur le gros singe, il l'égratigne, il le mord. Ses yeux brillent de courage, d'audace. Il ne laisse pas à son adversaire le temps de répliquer.

Ce choc impétueux remplit Montsoreau d'épouvante. Il cède la place en abandonnant et l'étoffe et la guenon. Celle-ci n'avait point bougé pendant le combat, mais après la victoire du jeune singe, elle se rapproche de lui. Ils se comprennent, et ils s'en vont, côte à côte, dans un angle propice aux confidences.

Sur le chemin, ils rencontrent le criquet, qui les accueille avec des rires et des grimaces sympathiques. Quant à Montsoreau, il avait pris philosophiquement son parti ; il était en quête d'une autre épouse.

Deux semaines s'écoulèrent. Rien n'avait troublé les félicités du nouveau ménage, dont le criquet était devenu le joyeux compagnon. Pendant ce temps, la maladie de la petite dame aux camélias faisait des progrès secrets. Un jour, le guenon se met à tousser plus fort que de coutume. Puis, le dépérissement s'accentue d'heure en heure : enfin, elle meurt... Le petit singe la tenait dans ses bras et ne voulait point la quitter. Il refusait toute nourriture, si bien qu'il ne tarda pas à périr aussi.

Le criquet restait comme paralysé devant ses pauvres amis... Il avait cessé de rire.

PETITES MISÈRES DU PUBLIC AU THÉATRE.

Je devrais dire les *grandes* misères, car je n'en connais pas de plus insupportables que celles-ci par exemple :

Être dérangé et foulé par des messieurs et des dames en retard qui entrent et passent dans les rangs serrés de l'orchestre ou du balcon, après qu'un acte est commencé ; — *ce qui ne devrait pas être permis ;*

Mais, surtout, se trouver pressé et piétiné dans ces mêmes rangs de balcon ou d'orchestre, à cause de leur resserrement extrême.

Je me bornerai, pour le moment, à batailler contre ce dernier abus.

Le peu d'espace laissé, dans certains théâtres, entre les rangs des fauteuils d'orchestre, de balcon, etc., etc., augmente les places au profit de la caisse du théâtre, et au grand détriment des spectateurs. C'est une infraction aux règlements de police, qui prescrivent des distances, invariablement inobservées; c'est un oubli des bienséances, et une torture infligée aux titulaires des fauteuils.

Lorsque leurs rangs sont déjà garnis, la circulation devient, en effet, un supplice, tant pour le spectateur qui passe, que pour celui devant qui, sur qui et autour de qui l'on passe.

S'agit-il d'une femme, ce travail de circulation est si pénible pour elle, qu'il a généralement pour résultat de l'embarrasser jusqu'à la faire rougir. Elle ne peut gagner sa place qu'à l'aide de croisements, d'entrelacements, et en quelque sorte de massages passifs de part et d'autre... Est-il quelque chose de plus intolérable, même pour le monsieur qui fait obstacle?

Ceci se reproduit à chaque entr'acte. Beaucoup de dames, voulant éviter de se donner en spectacle, s'imposent l'obligation d'un séjour continu à leurs places, durant toute la soirée. Elles n'en sont pas moins obligées de subir le passage de messieurs ayant constamment besoin d'aller prendre l'air.

Quand une représentation compte cinq entr'actes, il est rare qu'à partir du troisième, les personnes d'un même rang de fauteuils n'établissent pas entre elles un colloque régulier pour se faire des excuses en raison de la gêne qu'elles se causent mutuellement.

A chaque *première*, on entend les mêmes personnes formuler les mêmes plaintes.

Elles protestent contre le directeur du théâtre ; elles blâment l'administration supérieure « qui devrait réformer de tels abus, et s'apercevoir qu'ils sont absolument contraires, non-seulement au bien-être général, mais même aux convenances, etc... » Bref, la soirée n'est qu'un cri de réprobation.

La représentation terminée, la mauvaise humeur suit un autre cours. Elle s'en prend aux difficultés de la sortie, à travers des couloirs trop étroits, où les flots pressés du public sont refoulés ou immobilisés par les courants contraires de personnes assiégeant les vestiaires, à l'effet de reconquérir leurs vêtements de dessus, leurs cannes et parapluies.

Et puis, lorsqu'enfin on se trouve à l'air libre, le mécontentement s'évapore, l'on ne pense plus à « ces misères » dont on vient d'enrager pendant quatre heures consécutives, et que l'on subira certainement, sans amélioration aucune, à la prochaine occasion.

Un mot encore avant de terminer ce chapitre.

Certains théâtres devraient bien renoncer à l'usage économique, adopté par eux, de baisser la rampe et parfois le lustre au moment de chaque entr'acte.

Lorsque le rideau est baissé le spectacle se trouve dans la salle; or il est difficile de distinguer nettement quelqu'un aux loges ou aux balcons lorsque, pour épargner le gaz, on a fait partout une sorte de nuit. Le contraire serait plus logique.

On comprendrait mieux, en effet, un demi-jour dans la salle; lorsque le rideau est levé et que la scène, éclairée, attire les regards; et un jour brillant dans ladite salle pendant les entr'actes..

VII

VIEUX CARTONS

VIEUX PAPIERS

HYMNE EN L'HONNEUR DES PAVÉS.

Dans l'un de ces cartons se trouvent, conservés depuis longtemps, ou plus récemment placés, divers papiers que je relève à titre de souvenirs intéressants ou de curiosités littéraires. D'abord, sous la signature de M. Philippe Eugène, un « hymne en l'honneur des pavés. » Cela a été composé au lendemain d'une émeute. De l'esprit sans trop de fiel politique, et un tour plus rieur encore que révolutionnaire :

Ce sont des amis éprouvés,
Crions tous : Vivent les pavés !

Loin d'être dans les rétrogrades,
Les pavés, sans distinction
(C'est prouvé par les barricades),
Étaient de l'opposition.

Chacun saisit sans interprète
Leurs solides raisonnements ;
On ne peut que baisser la tête
Devant de pareils arguments.

Le ciel compense toute chose,
Monsieur Azaïs l'a prouvé :
Or, le droit-canon, je suppose,
A pour pendant le droit-pavé.

Et pourtant l'oublieuse foule
Les traite avec indignité,
Et chaque jour aux pieds l'on foule
Ces amis de la liberté.

Modestes après la victoire,
Ils n'ont pas, de force ou de gré,
Voulu pour eux toute la gloire ;
Ils n'avaient pas délibéré.

Se sont-ils, sous le nouveau règne,
Dans les antichambres pressés ?
Beaucoup, sans qu'aucun d'eux s'en plaigne,
Ne sont pas encor replacés.
Ce sont des amis, etc.

ALEXANDRE DUMAS, CANDIDAT A LA REPRÉSENTATION NATIONALE.

Dans mes cartons, je trouve la profession de foi d'Alexandre Dumas, se portant candidat à la représentation nationale, en 1848, dans le département de Seine-et-Oise.

On a souvent et beaucoup parlé de cette profession de foi : je la cite en entier parce qu'elle est noble, vaillante, libérale, pleine *de prophéties inouïes*, et parce que, en la reproduisant, je crois rendre hommage à la mémoire de mon illustre maître et ami.

A ses concitoyens du département de Seine-et-Oise, Alexandre Dumas.
Profession de foi du passé.

Il y a des gens qui ne peuvent faire leur profession de foi que pour l'avenir.

J'ai le bonheur, moi, de pouvoir faire la mienne dans le passé.

Les divers fragments que l'on va lire ont été écrits à diverses époques, les uns il y a quinze ans, les autres il y a quinze jours.

On jugera s'ils émanent de la même conviction ; s'ils sont l'expression du même esprit ; d'ailleurs, je cite les sources, on pourra vérifier.

Lorsque arriva la révolution de 1830, j'étais attaché à l'administration de M. le duc d'Orléans.

J'y étais entré comme fils du général républicain, Alexandre Dumas. M. le duc d'Orléans, on se le rappelle, faisait à cette époque de l'opposition.

Je ne fus pas longtemps à m'apercevoir qu'entre les opinions patentes de M. le duc d'Orléans et entre les principes secrets de Sa Majesté Louis-Philippe il y avait un abîme.

En conséquence, voulant conserver toute mon indépendance, je donnai ma démission.

Voici cette démission. Je doute que, pendant ses dix-sept années de règne, Louis-Philippe en ait reçu de plus claires et de plus précises.

« 11 février 1831 [1].

« Sire,

« J'ai eu l'honneur de demander, il y a trois semaines, une nouvelle audience à Votre Majesté. J'avais l'intention de lui offrir de vive voix ma démission, car je voulais lui expliquer comment, en faisant cela, je n'étais ni un ingrat, ni un capricieux.

« Sire, il y a longtemps que j'ai écrit et imprimé

1. Imprimé dans la préface de *Napoléon*, en 1831. Voir cette préface.

que chez moi l'homme littéraire n'était que la préface de l'homme politique.

« L'âge auquel je pourrai faire partie d'une chambre régénérée se rapproche pour moi. Et le jour où je me présenterai, j'ai la presque certitude d'être nommé, Sire.

« Malheureusement le peuple, qui voit d'en bas et de loin, ne distingue pas les intentions du roi des actes de ses ministres.

« Or, les actes de vos ministres sont *arbitraires et liberticides.*

« Parmi ces hommes qui vivent de Votre Majesté et qui lui disent tous les jours qu'ils l'admirent et qu'ils l'aiment, il n'en est peut-être pas un qui vous aime plus que je ne le fais. Seulement, ils le disent et ne le pensent pas ; moi, je ne le dis pas et je le pense.

« Mais, Sire, le dévouement aux principes passe avant le dévouement aux hommes.

« Je supplie donc Votre Majesté d'accepter ma démission.

« J'ai l'honneur d'être avec respect, etc.

« ALEXANDRE DUMAS. »

Depuis cette époque, je n'ai occupé aucune place — rempli aucun emploi. — touché aucune pension.

Depuis cette époque, nul ne peut dire m'avoir vu

aux réceptions royales des Tuileries. Une seule fois j'y suis entré depuis dix-sept ans, c'était comme chef de bataillon de la garde nationale de Saint-Germain, et à la tête du corps d'officiers.

En 1833, non-seulement mes opinions étaient les mêmes, mais mes convictions s'étaient affermies.

Voici ce que j'écrivais à cette époque :

« Mars 1833 [1].

« Relevons ici une grande erreur où les uns tombent par égarement, et que les autres accréditent par mauvaise foi. — 93 fut une Révolution, mais ne fut pas une République. Le mot avait été adopté en haine de la monarchie, et non pas en ressemblance de la chose. Le fer de la guillotine est fait en triangle ; c'est avec un triangle aussi qu'on symbolise Dieu : qui osera dire cependant que les deux ne font qu'un ?

« La réaction thermidorienne sauva la vie à ce reste d'aristocratie qui allait tomber sous la main de Robespierre ; la hache qui devait la tuer lui fit une blessure profonde, mais non mortelle. Les Bourbons la retrouvèrent lorsqu'ils rentrèrent en France, en 1814 ; la vieille monarchie reconnut

1. *Gaule et France.*

aussitôt son vieux soutien ; alors elle lui donna à garder au milieu de la France la chambre des pairs, cette dernière forteresse de la royauté du droit divin.

« *Ainsi la volonté providentielle se trouve faussée, un instant, par l'accident précoce du 9 thermidor;* et lorsque cette divinité qui veille à la loi du progrès, de quelque nom qu'on la nomme, Dieu, Nature ou Providence, jeta les yeux sur nous, elle fut étonnée de voir, vivante et retranchée au milieu de la France, cette aristocratie qu'elle croyait tuée par la Convention.

« Aussitôt le soleil de juillet se leva, et, comme celui de Josué, s'arrêta trois jours aux cieux.

« Alors eut lieu cette révolution miraculeuse, qui n'atteignit que ce qu'elle devait atteindre, et ne tua que ce qu'elle devait tuer ; révolution que l'on crut nouvelle, et qui était la fille de 93 ; révolution qui ne dura que trois jours, car elle n'avait qu'un reste d'aristocratie à abattre, et qui, dédaigneuse d'attaquer la moribonde avec la hache ou l'épée, se contenta de la frapper d'impuissance avec une loi et un arrêt, comme on fait d'un vieillard imbécile qu'un conseil de famille interdit.

« Loi du 10 décembre 1831, qui abolit l'hérédité de la pairie ;

« Arrêt du 16 décembre 1831, qui déclare que tout le monde peut s'appeler comte ou marquis.

« Le lendemain du jour où ces deux choses furent faites, la révolution de Juillet se trouva accomplie, car l'aristocratie était sinon morte, du moins garrottée; le parti pur de la chambre des pairs, représenté par les Fitz-James et les Chateaubriand, sortit du palais du Luxembourg pour n'y plus rentrer, et avec eux, toute l'influence aristocratique disparut de l'État, pour faire place à l'influence de la grande propriété.

« Voici comment cette dernière s'établit :

« *Louis-Philippe s'était placé près de la royauté expirante, comme un héritier au chevet du lit d'un mourant. Il s'empara du testament que le peuple aurait pu casser ; mais le peuple, dans son intelligence profonde, comprit* QU'IL Y AVAIT UNE DERNIÈRE FORME MONARCHIQUE A ÉPUISER, *et que Louis-Philippe était le représentant de cette forme;* il se contenta, en conséquence, de gratter sur l'écusson héréditaire le *gratiâ Dei*, et, s'il ne lui imposa pas le *gratiâ populi*, c'est qu'il était bien certain que jamais le roi ne s'en souviendrait davantage qu'aux moments où il aurait l'air de l'oublier.

« Cependant de nouveaux supports devenaient encore indispensables au nouvel édifice monarchique. Les cinquante mille aristocrates de Louis XV n'existaient plus ; les deux cents grands seigneurs de François Ier étaient tombés ; les douze grands vassaux de Hugues Capet dormaient dans leurs tombes féodales, et à la place des castes détruites, castes qui n'étaient que le privilége de quelques-uns, surgissaient de toute part la propriété et l'industrie, qui sont le droit de tous. Louis-Philippe n'eut pas même à choisir entre les sympathies de naissance et les exigences du moment ; à la place des cinquante mille aristocrates de Louis XV, il poussa les cent soixante mille grands propriétaires et industriels de la Restauration ; et la voûte *monarchique s'abaissa d'un nouveau cran vers le peuple : — c'est le plus bas, c'est le dernier. Voyons si cette représentation aristocratique doit suffire à la France, et si la propriété tout entière doit s'en contenter.*

« Nous ne le croyons pas. Les évaluations les plus élevées portent à cinq millions, et les plus modérées à quatre millions cinq cent mille le nombre des propriétaires actuellement existant en France. Nous adopterons ce dernier chiffre comme le plus bas.

« Parmi ces quatre millions cinq cent mille propriétaires, les censitaires à deux cents francs et au-dessus forment un total de cent treize mille ; les patentés des grandes villes, telles que Paris, Lyon, Bordeaux, Marseille, Nantes, Rouen, etc., etc., complètent le nombre de soixante-quinze mille électeurs, auquel s'élevaient les listes de 1831. La grande industrie se mêle donc à la grande propriété dans la proportion d'un quart.

« Enlevez ce chiffre, cent treize mille, au total de quatre millions cinq cent mille, que nous avons posé tout à l'heure, et il restera quatre millions trois cent quatre-vingt-onze mille propriétaires exhérédés du droit d'envoyer des représentants à la Chambre ; et cependant ces parias politiques payent un peu plus des deux tiers de la totalité de l'impôt, dont les cent treize mille élus n'acquittent qu'un peu moins d'un tiers.

« C'est ici que nous nous séparons des théories républicaines qui ont précédé la nôtre, puisqu'au lieu de chercher l'esprit de progrès dans les prolétaires, nous espérons le trouver dans les possédants. C'est qu'à l'heure qu'il est, les possédants sont presque en majorité en France, puisque, supposez seulement un fils, un neveu ou un héritier quelconque à chacun des hommes formant ces quatre millions cinq cent mille propriétaires, et alors vous aurez à l'instant neuf millions d'individus ayant les mêmes intérêts, partant la même volonté, volonté de conservation, volonté contre laquelle viendrait se briser toute tentative spoliatrice, quand même la possession ne serait pas, aux mains des possédants, inaliénable comme elle l'est, puisque, séparez des vingt millions de Français restant, les femmes, les enfants et les vieillards, vous n'aurez pas un nombre de prolétaires égal à ce nombre de propriétaires. — Mais, nous le répétons, la possession est inaliénable, quoi qu'en ait dit, afin de rallier à lui, par la crainte, la voix menteuse du gouvernement qui, après s'être proclamé faussement, comme nous l'avons prouvé, le représentant de la propriété, est parvenu à faire croire momentanément aux possédants qu'il n'y avait de sûreté pour leur fortune que dans la protection qu'il leur offrait contre les espérances agraires de ceux qui ne possèdent pas.

« Il n'y a donc que des craintes à calmer, et voilà tout, pour rallier au mouvement progressif la propriété à laquelle une hésitation d'un moment a donné une apparence rétrograde, qu'elle perdra, nous en sommes certains, aussitôt qu'elle verra que l'intérêt général la pousse en avant, sans que son intérêt particulier ait à souffrir.

« En effet, la propriété, si puissante par elle-même, n'a pas besoin de l'appui factice d'un gouvernement qui ne la représente pas, et qui, tenant tout d'elle, *tandis qu'elle ne tient rien de lui, ne peut que lui être mortel, par la part du sang budgétique qu'il tire du corps de la nation pour injecter dans ses propres veines. Le gouvernement, dans les États, fait l'office du cœur chez les hommes : il faut qu'il rende aux artères la même quantité de sang que les artères lui confient ; une goutte de moins par pulsation, et toute la machine est désorganisée.*

« Aussi le gouvernement actuel tombera-t-il probablement sans secousse aucune, et par la simple substitution de la politique rationnelle à la politique révolutionnaire ; il tombera, non point *par les efforts des prolétaires, mais par la volonté des possédants ; il tombera, parce que, ne représentant que l'aristocratie de la propriété, et ne reposant que sur elle, l'aristocratie de la propriété qui, à chaque heure, va se détruisant par la division, manquera un jour sous lui.*

« Voilà le gouffre où va s'engloutir le gouvernement actuel. Le phare que nous allumons sur sa route n'éclairera que son naufrage ; car, voulût-il virer de bord, il ne le pourrait plus maintenant : le courant qui l'entraîne est trop rapide, et le vent qui le pousse est trop large. Seulement, à l'heure de sa perdition, nos souvenirs d'homme l'emportant sur notre stoïcisme de citoyen, une voix se fera entendre qui criera : *Meure la royauté ! et Dieu sauve le roi !*

« Cette voix sera la mienne. »

Maintenant, peut-être, croira-t-on que ma liaison avec le duc d'Orléans, commencée en 1835, devenue plus étroite les années suivantes, apportera quelque changement dans mes opinions ? J'en fais juge le public.

Voilà ce que j'écrivais en 1837, c'est-à-dire quelques mois après avoir reçu, non pas des mains du roi, qui avait rayé six fois mon nom sur les listes de présentation, mais des mains de M. le duc d'Orléans, la croix de la Légion d'honneur : -

« Février 1837 [1].

(Une visite à Arenemberg.)

« Nous fîmes à peu près cent pas en silence ; le premier je l'interrompis :

« — Vous aviez quelque chose à me dire, madame la duchesse [2] ?

« — C'est vrai ; je voulais vous parler de Paris. Qu'y avait-il de nouveau quand vous l'avez quitté ?

« — Beaucoup de sang dans les rues, beaucoup de blessés dans les hôpitaux, pas assez de prisons et trop de prisonniers.

« — Vous avez vu les 5 et 6 juin ?

« — Oui, madame. »

« — Pardon ; mais je vais être bien indiscrète peut-être, d'après quelques mots que vous m'avez dit hier, je crois que vous êtes républicain ?

« Je souris.

« — Vous ne vous êtes pas trompée, madame la duchesse : et cependant, grâce au sens et à la couleur des journaux qui représentent le parti auquel j'appartiens et dont je partage toutes les sympathies,

---

[1]. Voir les *Impressions de Voyage en Suisse*, 1837.
[2]. Mme la duchesse de Saint-Leu, ex-reine de Hollande.

mais non tous les systèmes, on fait prendre à ce mot, — avant d'accepter la qualification que vous me donnez, je vous demanderai la permission de vous faire un exposé de principes. A toute autre femme, une pareille profession de foi serait ridicule ; mais à vous, madame, à vous qui, comme reine, avez dû entendre autant de paroles austères que vous avez dû écouter de mots frivoles en votre qualité de femme, je n'hésiterai point à dire par quels points je touche au républicanisme social, et par quelle dissidence je m'éloigne du républicanisme révolutionnaire.

« — Vous n'êtes donc point d'accord entre vous ?

« — Notre espoir est le même, madame ; mais les moyens par lesquels chacun veut procéder sont différents. Il y en a qui parlent de couper les têtes et de diviser les propriétés : ceux-là sont les ignorants et les fous : ils se croient fort en avant, et sont tout à fait en arrière ; ils datent de 1793, et nous sommes en 1832 [1]...

« Il y en a d'autres qui oublient que la France est la sœur aînée des nations ; qui ne se souviennent plus que son passé est riche de tous les souvenirs, et qui vont chercher parmi les constitutions suisse, anglaise et américaine, celle qui serait la plus appli-

---

[1]. La conversation avait lieu en effet en 1832 ; mais ce ne fut qu'en 1837, comme je l'ai dit, que le livre fut imprimé.

cable à notre pays. Ceux-là sont les rêveurs et les utopistes...

« Il y en a d'autres enfin qui croient qu'une opinion c'est un habit bleu barbeau, un gilet à grands revers, une cravate flottante et un chapeau pointu. Ils excitent les émeutes, mais ils se gardent bien d'y prendre part. Ils élèvent les barricades et laissent les autres se faire tuer derrière ; ils compromettent leurs amis, et vont se cachant comme s'ils étaient compromis eux-mêmes. Ceux-là ce sont les parodistes et les aboyeurs.

« Mais il y en a d'autres, madame, pour qui l'honneur de la France est une chose sainte et à laquelle ils ne veulent pas que l'on touche, — pour qui la parole donnée est un engagement sacré qu'ils ne peuvent souffrir de voir rompre, fût-ce de roi à peuple, dont la vaste et noble fraternité s'étend à tout pays qui souffre, à toute nation qui se réveille. Ils ont été verser leur sang en Belgique, en Italie, en Pologne, ils sont revenus se faire tuer ou prendre au cloître Saint-Merry ; ceux-là, madame, ce sont les puritains et les martyrs.

« *Un jour viendra où non-seulement on rappellera ceux qui sont exilés, où non-seulement on ouvrira les prisons de ceux qui sont captifs, mais encore où l'on cherchera les cadavres de ceux qui sont morts pour leur élever des tombes : tout le tort que l'on peut leur reprocher, c'est d'avoir* devancé leur époque et d'être nés trente ans trop tôt.

« *Ceux-là, madame, ce sont les vrais républicains.*

« — Il n'est pas besoin de vous demander, me dit la reine, si c'est à ceux-là que vous appartenez.

« — Hélas ! madame, lui répondis-je, je ne puis pas me vanter tout à fait de cet honneur. Oui, certes, *à eux toutes mes sympathies;* mais, au lieu de me laisser emporter à mon sentiment, j'en ai appelé à ma raison ; j'ai voulu faire pour la politique ce que Faust a fait pour la science : descendre et toucher le fond.

« Je suis resté un an plongé dans les abîmes du passé[1]. J'y étais entré avec une opinion instinctive, j'en suis sorti avec une conviction raisonnée. Je crois que la révolution de 1830 nous a fait faire un pas, il est vrai, *mais que ce pas nous a conduits tout simplement de la monarchie aristocratique à la monarchie bourgeoise, et que cette monarchie bourgeoise était une ère qu'il fallait épuiser avant d'arriver à la magistrature populaire.* Dès lors, madame, sans rien faire pour me rapprocher du gouvernement dont je me suis éloigné, j'ai cessé d'en être l'ennemi. Je le regarde tranquillement poursuivre sa période, dont je ne verrai probable-

---

1. Je venais d'écrire *Gaule et France.*

ment pas la fin. J'applaudis à ce qu'il fait de bon, je proteste contre tout ce qu'il fait de mauvais; mais tout cela sans enthousiasme et sans haine. Je ne l'accepte ni ne le récuse : JE LE SUBIS.

« ALEXANDRE DUMAS. »

Six ans se sont écoulés depuis ma démission donnée. L'homme est-il bien le même en 1837 qu'en 1831 ?

Enjambons par-dessus dix années. Pendant ces dix années, même dédain des places, même éloignement de la cour; seulement, pour le développement de l'art, j'ai fait ouvrir, sur le boulevard du Temple, le Théâtre-Historique, où j'ai donné les *Girondins*, dont le chœur a autant aidé à cette révolution nouvelle que la *Marseillaise* à l'ancienne.

— Mais peut-être à propos de l'obtention du privilége de ce théâtre ai-je pris quelque engagement, soit avec un ministre, soit avec un prince?

Non, car la question de la réforme électorale se présente, cette question du cens déjà débattue par moi en 1833, et devant laquelle j'ai prédit au roi Louis-Philippe qu'il se briserait. Je m'inscris l'un des premiers au banquet réformiste de Saint-Germain ; et quand une fièvre de fatigue me cloue dans mon lit, j'écris à Odilon Barrot :

« 27 novembre 1847[1].

« Monsieur le Président,

« Je suis au lit affreusement malade d'une grippe qui me tient la tête et la poitrine ; exprimez mes regrets à nos réformistes, dites-en mon nom que je suis de cœur au milieu de vous.

« Je devais porter un toast à la presse, c'est-à-dire aux écrivains qui combattaient en 1830 et qui combattent encore en 1847 pour le principe populaire et réformiste. Je le porte d'ici. Faites-vous-en l'écho.

« Agréez, etc.

« A. DUMAS. »

Il est difficile d'être plus clair dans son opinion, plus précis dans ses paroles, n'est-ce pas ?

Aussi, voyez le *Journal des Débats* du 3 décembre, comme il me foudroie !

« Les autres discours, dit-il, ont généralement porté sur la corruption électorale, parlementaire, politique, etc., etc., mais aucun d'eux ne vaut la peine d'être cité, même par fragment. Il y a d'ailleurs en toute chose une mesure qu'il ne faut pas dépasser, et la lettre de M. Alexandre Dumas suffit bien cette fois à la gloire du parti de la réforme. »

---

1. *Journal des Débats* du 2 décembre 1847.

Attendez ; cette fois-ci l'intervalle sera moins long, car nous approchons de la catastrophe.

Le 22 février au soir, j'apprends que, malgré les coups de fusil qui retentissent dans la rue, presque tous les théâtres de Paris ont joué.

J'écris ce même soir une lettre que je date du lendemain, car ce n'est que le lendemain matin qu'elle sera remise à M. Hostein, notre directeur.

Voilà cette lettre. Nul, même parmi les plus avancés, n'avait fait, j'en réponds, une pareille prophétie le 23 au matin.

« 23 février 1848.

« Mon cher Hostein,

« Jouez-vous ce soir ?

« J'aurais peur, si vous preniez cette détermination, qu'elle ne fût considérée comme une insulte à la douleur publique.

« Le duc nous protége par son nom, et Dieu sait si je l'aime de tout mon cœur ; mais votre véritable protecteur, protecteur efficace, quotidien, éternel, c'est le peuple.

« Restons populaires, cher ami : il y aura encore un grand peuple en France quand il n'y aura plus de princes nulle part.

« A vous,

« ALEXANDRE DUMAS. »

Le soir on se bat : il faut substituer l'action à la parole.

Informez-vous à M. Berger, maire du deuxième arrondissement, qui a pris sur ses épaulettes de commandant la responsabilité de faire battre le rappel pour la deuxième légion ?

Le lendemain on ne se bat plus, on fonde.

Le peuple a fait irruption dans la chambre, et vote à la place des députés.

Demandons à MM. Lamartine, à Dupont de l'Eure, à Crémieux, à Ledru-Rollin, à La Rochejacquelein, qui était là en uniforme de commandant, seul officier au milieu de tous ?

Aussi Lamartine s'étonne-t-il de m'avoir rencontré *sur le champ de bataille*, comme il dit, et de ne m'avoir pas aperçu depuis.

Il me fait dire d'aller le voir.

Je lui réponds que j'irai, non pas chez l'homme d'État, mais chez le poëte, quand il aura une minute à me donner.

Alors il m'écrit :

« 2 mars 1848.

« Cher et illustre ami,

« Je ne veux pas donner des minutes à un homme comme vous, mais une heure tous les soirs. Attendez seulement un jour ou deux, je succombe à la fatigue.

« Lamartine. »

»J'ai profité de la permission ; mais mon premier mot en entrant a été : « Ne vous effrayez pas, cher ami, je n'ai rien à vous demander, ni pour moi, ni pour les miens. »

C'est tout simple : les hommes comme moi arrivent à leur but ; mais c'est celui de leur désir et non de leur ambition ; et la preuve, c'est que si mon premier élan est pour l'avenir, mon premier retour est vers le passé.

J'écris cette lettre à *la Presse :*

« 29 février 1848.

« Oui, mon cher Girardin, vous avez raison d'annoncer à vos lecteurs, à côté de ma collaboration passée, ma collaboration future.

« Oui, vous qui n'aviez que ma sympathie littéraire lorsque vous étiez conservateur, vous avez eu ma sympathie politique du jour où vous avez rompu avec le ministère égoïste et menteur que, pour ma part, je vous ai aidé à dépopulariser par le mépris.

« Aujourd'hui la grande œuvre de liberté est accomplie, mais la liberté qui rompt les liens politiques ne rompt pas les engagements privés.

A vous et au *Constitutionnel* mes romans, mes livres, ma vie littéraire enfin, — mais à la France ma parole, mes opinions, ma vie politique.

« A partir d'aujourd'hui, il y a deux hommes

dans l'écrivain : le publiciste doit compléter le poëte.

« N'est-ce pas une belle chose, dites, que de voir les deux mains puissantes du génie et de la science, étendues au-dessus de nos têtes, protégeant la France, défiant l'Europe, et agitant aux yeux du monde cette sainte devise :

« Tous pour chacun, chacun pour tous !

« Ainsi donc, et comme si j'avais pu deviner dans Balsamo ce qui s'est passé, je vous avais préparé une œuvre dans laquelle la révolution de 93 devait apparaître tout entière.

« Non pas que je me fasse le flatteur inintelligent de cette révolution. *Le poëte ne flatte ni les peuples, ni les rois, il dit la vérité à tous. Seulement, tandis que les peuples écoutent, les rois se bouchent les oreilles.*

« Il en résulte que les peuples vont s'instruisant chaque jour, tandis que chaque jour fait les rois plus insensés, chaque soleil les retrouve plus aveugles.

« Bientôt Candide pourrait, comme au temps de Voltaire, dîner à Venise avec sept rois détrônés.

« Cependant, un grand exemple vient d'être donné à ces rois par un homme qui fut roi lui-même.

« Aujourd'hui, Jérôme Napoléon, le frère de ce Nemrod de la monarchie, vient réclamer ses droits de citoyen français.

« Et ces droits lui seront rendus comme à tous ceux qui les réclameront. *Il viendra un jour, une heure, une heure solennelle, jour splendide, où la France sera assez forte pour ouvrir ses bras, comme à des enfants prodigues, à tous les exilés, vinssent-ils réclamer leur part de la légitime universelle, un bandeau déchiré au front, un sceptre brisé à la main.*

« Oui, ce que nous voyons est beau, ce que nous voyons est grand ; car nous voyons une République, et jusqu'aujourd'hui nous n'avions vu que des révolutions.

« Que Dieu nous garde donc, nous, ses fils aînés !

« Tout à vous.

« A. Dumas. »

Voilà l'élan vers l'avenir.

Maintenant, voici le retour vers le passé.

Quand les adhésions pleuvent, quand on se presse vers l'hôtel de ville, quand on se bat à la porte des ministères, quand on déchire la vieille administration à belles dents, et que chacun emporte un morceau de l'administration nouvelle ; quand l'un offre son épée, l'autre son éloquence, l'autre son vote, un souvenir de triste sympathie me reprend pour ces beaux jeunes gens, toujours en lutte avec leur père, et qui portent si cruellement la peine des fautes de leur père. Alors j'écris à celui d'entre eux que j'ai le plus connu.

A Monseigneur le duc de Montpensier.

« 4 mars 1848.

« Prince,

« Si je savais où trouver Votre Altesse, ce serait de vive voix que j'irais lui offrir l'expression de ma douleur pour la grande catastrophe qui l'atteint personnellement.

« Je n'oublierai jamais que, pendant trois ans, en dehors de tous sentiments politiques, et contrairement aux désirs du roi, qui connaissait mes opinions, vous avez bien voulu me recevoir et me faire l'honneur de me traiter presque en ami.

« Ce titre d'ami, monseigneur, quand vous habitiez les Tuileries, je m'en vantais; aujourd'hui que vous avez quitté la France, je le réclame.

« Cette amitié dont vous m'honoriez, plus d'une fois vous me l'avez dit, c'était un héritage que vous teniez de votre frère, de votre frère que la Providence a tué, parce qu'il était sans doute, par l'amour qu'on lui portait, un trop grand obstacle entre ce qui était alors et ce qui est aujourd'hui.

« Au reste, monseigneur, Votre Altesse, j'en suis certain, n'a pas besoin de cette lettre pour savoir que mon cœur est un de ceux qui lui sont acquis.

« Dieu me garde de ne point conserver dans toute sa pureté la religion de la tombe et le culte de l'exil !

« J'ai l'honneur d'être avec respect, monseigneur, de Votre Altesse, le très-humble et très-obéissant serviteur.

« ALEX. DUMAS. »

N'ai-je pas dit, en 1833, que mes sentiments d'homme, l'emportant sur mon stoïcisme de citoyen, une seule voix s'élèverait pour saluer la royauté croulante, et que cette voix serait la mienne ?

Je ne me suis pas trompé, une seule voix, avais-je dit : ma voix a bien été la seule.

Quand Charles Ier marcha au supplice, de la foule qui faisait haie sur son chemin, deux hommes sortirent et s'avancèrent vers lui.

Le premier lui cracha au visage.

Le second s'inclina en disant : « Salut à la majesté tombée. »

Je ne sais plus ce qu'il advint momentanément de ces deux hommes : mais je sais que l'histoire leur a fait leur part.

Voilà donc ma profession de foi dans le passé, et il n'y a point à la récuser ; elle repose sur des faits, sur des dates. — On peut rechercher les faits, on peut vérifier les dates.

J'ai écrit 400 volumes, qu'on les ouvre, qu'on

les fouille, qu'on les commente, et qu'on me démente les pièces à la main.

Peu d'hommes peuvent porter un pareil défi.

Profession de foi de l'avenir. — La République seule est possible.

Un philosophe de l'antiquité niait le mouvement.

Son adversaire se contenta de marcher.

Depuis dix-sept ans on niait la possibilité de la République ; — c'était un système, — une utopie, — une fable.

Voilà un mois que la République existe — et qu'elle répond comme l'antagoniste du philosophe, en marchant.

Peut-être quelques-uns de ceux qui nous l'ont donnée veulent-ils même la faire marcher trop vite ; mais, soyez tranquilles, dans sa haute sagesse, qui est la sagesse universelle, elle écartera d'elle ces amis dangereux avec le même soin qu'elle écarterait ses ennemis.

Donc elle existe.

Et cette fois elle est viable — attendu qu'elle est née à son heure, — qu'elle est le résultat des modifications successives de la société.

Avant de lui donner naissance, la France, sa mère, l'a portée neuf siècles dans son sein.

Pendant ces neuf siècles, toutes les formes monarchiques se sont usées.

La monarchie des grands vassaux, fondée par Hugues Capet, a duré cinq cents ans.

La monarchie des grands seigneurs, fondée par François Ier, a duré cent cinquante ans.

La monarchie des aristocrates, fondée par Louis XV, a duré soixante ans.

La monarchie des grands propriétaires, fondée par Louis-Philippe, a duré dix-sept ans.

Nous en sommes évidemment à la magistrature populaire.

Avec quels éléments reformerait-on une monarchie ? Sur quoi l'appuierait-on ? Quel serait son représentant ?

La monarchie se forme au moyen des castes ; les castes n'existent plus.

La monarchie s'appuie sur la propriété ; la propriété est tellement divisée qu'à peine se soutient-elle elle-même.

La monarchie n'existe qu'à la condition d'avoir un représentant.

Quels seraient ses représentants ?

Henri V, — le comte de Paris.

Henri V représente le droit divin, c'est le seul débris vivant de la vieille monarchie, de cette monarchie rentrée chez nous la première fois en Fraversant le champ de bataille de Leipzig; la seconde fois, celui de Waterloo.

Celle-là a plus de sang français aux pieds qu'elle n'en a au cœur.

Celle-là, c'est la monarchie des représailles et des vengeances! Celle-là, elle a regardé assassiner Brune, Ramel, Lagarde!

Celle-là, elle a fait fusiller Ney, Labédoyère, Mouton-Duvernet, Chartran, Caron.

Celle-là a fait exécuter Didier, Berton, les quatre sergents de la Rochelle.

Celle-là, à moins de transformations impossibles, d'oublis surhumains, elle est notre ennemie éternelle, incessante, acharnée.

Celle-là n'oubliera jamais le 10 août, le 21 janvier, le 16 octobre.

Celle-là, tout lui est souvenir de sang, inspiration de vengeance.

Où la logerez-vous?

Au Luxembourg. — siége du Directoire;

Au Palais-Royal, demeure de Philippe-Égalité;

Aux Tuileries, — séjour de la Convention.

Par où passera-t-elle pour ne pas trouver un souvenir mortel?

A ses quatre points cardinaux elle aura toujours:

Le Temple, — prison;

L'Abbaye, — massacre;

La place de la Révolution, — échafaud;

Rue d'Anjou, — chapelle expiatoire.

De quel côté soufflera le vent pour lui apporter le pardon?

D'ailleurs, le pardon, nous n'en voulons pas. La royauté menaçait, le peuple s'est défendu; elle attaquait, le peuple a vaincu; c'est bien.

Depuis les communes jusqu'à nous, il y avait eu sept siècles de luttes : Communes, Jacquerie, Ligue, Fronde, Révolution de 93, Révolution de 1830, Révolution de 1848.

Et l'on voudrait tenter de marier ces deux principes opposés; de réunir, pour en faire un cercle élastique et sans soudures, ces deux extrémités de l'arc qui vont sans cesse s'écartant.

Impossible.

Henri V, fils d'un père assassiné, né dans le deuil, élevé dans les larmes, devenu homme dans l'exil, est une de ces grandes infortunes sur lesquelles la poésie pleure, mais contre lesquelles la politique s'endurcit.

C'est une de ces existences proscrites par la fatalité, qui sont partout à leur place, excepté dans leur patrie, qui ont le droit d'accuser Dieu depuis leur berceau, car Dieu ne leur dit son secret qu'au moment où elles se couchent dans la tombe.

Nous le répétons : la royauté de Henri V est donc impossible.

Vient celle du comte de Paris.

Pauvre enfant, sorti de la capitale juste au même âge que le duc de Bordeaux, orphelin comme lui, vêtu de deuil comme lui.

Pauvre enfant que sa mère a pris au milieu de ses jeux pour l'emporter, tout effaré, parmi les baïonnettes et les balles, et le conduire à cette Chambre, dans laquelle il n'est entré que pour entendre dire : *Il est trop tard!*

Et son arrêt éternel est dans ces quatre mots.

En effet, il était temps aux 5 et 6 juin 1832.

Il était temps aux 12 et 13 juin 1839.

Il était temps au 13 juillet 1842.

Il était temps au 22 février 1848.

Il était temps encore au 23 février au soir.

Mais le 24 février, *il était trop tard*.

Il était trop tard, parce que ces accusations, ces menaces, ces injures qui ne devaient jamais monter à la hauteur du mépris de M. Guizot, avaient enfin dépassé sa tête et l'avaient englouti..

Comme dans un vaisseau qui fait eau, Louis-Philippe avait successivement tout jeté à la mer.

Ministère Guizot,

Ministère Molé,

Ministère Odilon Barrot.

Enfin, dans une dernière barque, il poussa sa bru, son petit-fils, son fils.

Puis il leur jeta sa couronne.

La couronne était lourde ; elle fit sombrer le bateau.

Cette fois, la couronne est bien engloutie dans les profondeurs de la révolution.

Nul plongeur téméraire n'ira la chercher où elle est.

La République de 1848 a salué sa mère, la République de 93 ! Seulement, à la place de son bonnet rouge, elle lui a mis au front une couronne d'olivier.

Seulement, elle lui a arraché sa hache et lui a donné une épée.

Cette République, c'est bien la *Res publica* ; la chose publique, le peuple !

La souveraineté nationale enfin.

Cette souveraineté, qui n'a ni récrimination à faire, ni vengeances à poursuivre, ni haines à exercer,

Contre qui récriminerait-elle ?

Contre la religion, qui a dressé les bûchers des Albigeois, chargé les arquebuses de la Saint-Barthélemy, élevé les gibets des Cévennes.

De qui se vengerait-elle ?

De la noblesse, qui lui a fait traîner le boulet de la corvée, qui lui a fait payer la dîme de la chair, qui a levé sur elle l'impôt du sang.

Qui haïrait-elle ?

La royauté — qui a fait la banqueroute de 89 —

les mitraillades de 1830 — les fusillades de 1848.

La religion n'est plus qu'une sœur de charité,

La noblesse qu'un mot,

La royauté qu'un fantôme.

Ainsi, plus d'obstacles, de l'opposition, peut-être, voilà tout.

Que l'on proclame bien haut la liberté de la discussion, la garantie de la propriété, la rétribution du travail selon le travail, et l'opposition disparaîtra.

Que la République se montre forte contre ses ennemis, et surtout contre ses amis.

Qu'elle étouffe en naissant, et non le lendemain de leur naissance, les circulaires du ministre de l'instruction publique, qui disent que l'instruction publique est chose inutile,

Les décrets du ministre de l'intérieur, qui créent 86 proconsuls au lieu d'un roi.

Qu'après avoir tout refusé aux prolétaires, on ne veuille pas que tout soit pour les prolétaires.

Qu'on laisse au génie, au talent, à l'art, au commerce, à l'industrie, au travail leur place naturelle, dans le système social, dans l'harmonie universelle.

Que le soleil du Seigneur luise également sur le penseur qui lève son front au ciel et sur l'ouvrier qui courbe sa tête vers la terre, et les jours depuis si longtemps promis seront enfin venus.

Et ce ne sera plus la France seulement, ce sera

l'Europe tout entière qui chantera l'hymne de la République, l'*Hosanna* de la liberté !...

ALEXANDRE DUMAS.

ÉPITRE, EN VERS, D'ALEXANDRE DUMAS FILS.

Dans cette même année 1848, Alexandre Dumas fils m'envoyait une petite épître familière, en vers. — A cette époque Alexandre Dumas fils apparaissait déjà comme un millionnaire d'esprit : il ne l'était pas encore sous le rapport de l'argent. On sait comment il l'est devenu, grâce à son saisissant talent d'écrivain novateur, et en raison de ses immenses et légitimes succès.

J'en avais si bien le pressentiment, à la date de l'épître en question, que vingt-cinq ans plus tard, je recevais la lettre suivante dont je m'honore infiniment :

« Décembre 1873.

« Je vous remercie bien cordialement, mon cher Hostein, de la bonne poignée de main *imprimée* que *le Constitutionnel* m'apporte.

« Ce que j'aime en vous, c'est que vous n'avez

jamais douté de moi. Je n'en suis que plus heureux de *nous* avoir donné raison.

« A vous,

« A. Dumas f. »

Retournons à 1848 et à nos souvenirs de jeunesse :

Mon cher Hostein, je suis panné comme un diacre ;
Je n'ai plus le moyen de monter en fiacre,
Et le pont des Arts va bientôt m'être interdit !
Dulong [1] est sans argent, — du moins à ce qu'il dit !
Porcher n'a pas le sou, je le tiens de sa femme :
Il ne me donne pas d'argent, — il m'en réclame !
Que faire ? Le vingt-trois il faut absolument
Que je paie un monsieur, et c'est demain, vraiment,
Qu'à l'horloge des temps sonne ce jour funeste !
Voici la vérité : vous devinez le reste...
C'est sur vous que je compte. Avez-vous un moyen
De trouver trois cents francs ? Trois cents francs ! Ce n'est rien.
Pour la fin de ce mois, Dulong promet la somme.
Pouvez-vous l'avancer ? Vous seriez un grand homme !
Et vous pourriez, le trente, à cet affreux agent,
En très-jolis écus, reprendre votre argent !
Bref, vous me rendriez un signalé service !
Répondez-moi deux mots.

Tout à vous,

Dumas fice.

1. Alors agent général des auteurs dramatiques.

LA MARSEILLAISE DES FEMMES

Sur le programme d'une représentation civique donnée le 30 août 1870, à la Porte-Saint-Martin, je vois Mlle *Agar*, dont le nom venait de reparaître au théâtre et dans les journaux, d'une part à l'occasion d'un bénéfice donné par elle, et d'autre part en raison de sa rentrée à la Comédie-Française.

A cette représentation de 1870, Mlle Agar chantait une poésie nouvelle intitulée *la Marseillaise des femmes*, où l'auteur, Mlle Jeanne R..., faisant un appel « aux femmes de France, » les invitait à « mêler des chants aux dangers de leurs fils, frères ou maris, et des sourires à leur vaillance! »

Dans ses patriotiques illusions, Mlle Jeanne R..., voyant revenir triomphants nos braves soldats, s'écriait :

> Ah ! plus de pleurs, ah ! plus de fièvres,
> Tout chante, amis, votre retour ;
> Français ! buvez, buvez l'amour,
> Voici nos fronts, voici nos lèvres !
> Buvez, buvez l'amour ! etc.

Mlle Agar lançait cet appel enthousiaste, avec une ardeur à donner soif à plus d'un auditeur...

UNE LETTRE DE M. ED. THIERRY

En 1871, lorsque le Théâtre-Français perdit M. Édouard Thierry, comme administrateur, un journaliste disait : « Il est parti, de même qu'il était venu, tranquillement, modestement. » Le journaliste rappelait les mérites littéraires de M. Édouard Thierry, sa rare élégance de style, et enfin les éminents services qu'il avait rendus à la Comédie-Française pendant une période de douze années.

Cette note valut à son auteur la réponse suivante toute empreinte d'atticisme et d'esprit :

« Mon cher ami,

« Voilà comme vous envoyez votre carte de visite aux gens qui faussent compagnie, et comme vous leur serrez la main sur le seuil de la retraite ! Dites donc après cela que je m'en vais tranquillement et modestement. *Tranquillement*, cela commence, et, Dieu merci ! je reprends toute ma sérénité depuis que j'ai quitté la rue Richelieu, depuis que je ne serre plus les mains qui se tendaient vers moi et que je n'ai plus à échanger des adieux avec ceux que j'aimais. *Modestement*, c'est autre chose. Vous ne m'y aidez guère, vous me mettez au contraire hors d'état d'être modeste en me traitant d'une façon si flatteuse. Voilà ce que c'est que d'avoir passé ensemble le premier siège de Paris, le bombardement, la disette et la Commune. Cela rapproche et relie singulièrement. On était déjà d'anciennes et lointaines connaissances, on devient de vrais et de vieux amis..., etc.

« Votre bien dévoué,

« Edouard Thierry.

« 26 juillet 1871. »

Mme JANE DE T...

La même année et le même mois amènent une autre lettre ainsi conçue :

« Au moment où j'arrivais à Paris le..., un ami me remit à la gare un article de lundi dernier. Ce n'est point ce que cet article a pour moi de flatteur qui me plaît ; c'est sa délicate douceur... Elle me pénètre et me console. Vous avez senti que j'en avais besoin en ce moment, etc., etc. Jane de T... »

Or, voici ce que disait la note de journal :

« A l'époque des dernières élégances des théâtres, alors que les loges de certaines salles de spectacle étaient (ce qu'elles sont redevenues depuis) les succursales des salons à la mode, on a pu remarquer, — le plus souvent aux avant-scènes de gauche,

— une jeune femme pâle, au regard doux et pénétrant, à l'abord modeste, sérieux, et cependant plein d'une sympathique prévenance.

Ceux qui connaissent la charmante personne dont nous voulons parler ne se méprendront point. Ils sauront bien qu'il s'agit d'elle.

Un moment, on l'a entrevue dans une administration théâtrale à laquelle elle prodiguait son argent et — ce qui valait mieux encore — les observations de son goût fin et élégant.

Bien vite elle est rentrée dans la sphère qui lui convenait.

Elle s'est créé une société d'amis dévoués et respectueux parmi les hommes supérieurs de ce temps-ci.

Comme elle sait les écouter ! Quel art de mettre en relief le mérite et le savoir de ses hôtes ! On raconte des tours de force adorables de cette organisation douée à miracle.

Un de ses amis se préparait à entreprendre, à l'étranger, une campagne politique et militaire.

Dans une réunion intime, composée d'hommes spéciaux, il examinait, un soir, et commentait des cartes et des plans compliqués. Tout à coup, il s'arrête, en s'excusant de faire des études de ce genre devant une jeune femme.

Elle ne fit point d'observations ; seulement, elle passa plusieurs nuits à bien connaître cartes et plans. Elle reussit à ce point qu'elle se montra subitement une interlocutrice, très-pertinente, de l'ami surpris et charmé !... »

Voilà, en substance, ce qu'avait dit l'article si gracieusement accueilli.

Quant à la circonstance occasionnelle dudit article, elle résultait d'un fait-Paris publié à cette époque :

« Une cérémonie des plus touchantes a eu lieu hier au cimetière du Père-Lachaise. Les officiers et les soldats du 12e bataillon des mobiles de la Seine, récemment sortis des prisons prussiennes, s'étaient donné rendez-vous devant la tombe de M. Ernest Baroche, tué glorieusement dans l'héroïque aventure du Bourget.

« Ces braves jeunes gens, conduits par leurs officiers, venaient déposer, sur la dalle qui recouvre le corps de leur ancien commandant, une couronne de marbre due au produit d'une souscription volontaire.

« Plusieurs personnes amies de M. Baroche assistaient à cette réunion; sous son voile noir, *nous avons reconnu Mme de T...* »

PLAISIR ET CHARITÉ

Toujours en 1871 : je trouve dans mon carton un souvenir relatif à l'inauguration des concerts du Cirque-Olympique, inauguration qui eut lieu au profit de l'œuvre des *fourneaux économiques*.

A cette occasion, on vit un vénérable curé venir improviser un discours philanthropique, sur l'estrade où s'étaient fait entendre tour à tour Joachim, Wilhelmy, Léonard, Vieuxtemps, Sivory. Disposant de la parole de la même façon triomphante que ces artistes célèbres manient l'archet, M. Duquesnay, curé de Saint-Laurent, ne causa, par sa présence insolite, aucun *Mottubohu*, comme on disait alors.

Loin de là, son discours obtint un très-vif succès et fut interrompu à plusieurs reprises par les applaudissements les plus chaleureux.

L'orateur, au visage intelligent et bienveillant, à la voix pleine et sonore, se mit rapidement en communication avec ses auditeurs.

D'abord, il entreprit la justification de M. Pasdeloup, qui ne se trouvait pas, dans le principe, sans quelque inquiétude sur la question de savoir si la présence de l'ennemi n'était pas un obstacle à ce que les Parisiens entendissent de la grande musique.

Le bon abbé expliqua comment il avait rassuré le directeur des concerts populaires, en lui démontrant qu'un but charitable peut parfois sanctifier le plaisir. A l'appui de cette assertion, M. Duquesnay raconta, avec un charme particulier, qu'il s'était autorisé de l'exemple historique d'un de ses supérieurs ecclésiastiques. Voici dans quelles circonstances :

Il y a un siècle environ, un hiver très-rigoureux sévissait à Marseille. Un soir, il y avait grand bal chez le gouverneur; toute la noblesse de la Provence y assistait. Au moment où la fête était dans tout son éclat, un laquais annonce d'une voix troublée : « Monseigneur Du Belloy! » Les danses sont interrompues, le gouverneur se précipite au-devant du prélat qui lui dit en souriant :

— Vous ne vous attendiez pas à me voir ici. Je viens parce que les pauvres ont froid. J'ai pensé que dans une assemblée consacrée au plaisir, la charité serait plus facile.

Aussitôt, la fille du gouverneur s'avance et, prenant la main de l'évêque, fait la quête dans les salons. Les hommes vident leur bourse. Les femmes, d'abord émues à la vue de Mgr Du Belloy, et dont les toilettes eussent été peut-être modifiées si l'on eût prévu pareille visite, se dépouillaient de leurs bijoux. Les unes donnaient leurs pendants d'oreilles, les autres leurs bagues, d'autres enfin leurs bracelets; lorsque la quête fut terminée, l'évêque avait de quoi chauffer ses pauvres pendant tout l'hiver !

Il exigea que les danses fussent reprises, et ne s'éloigna qu'en voyant le bal rendu à toute son animation première.

Après avoir rappelé ce souvenir intéressant, M. l'abbé Duquesnay conclut en disant à ses auditeurs charmés qu'il n'avait ni le rang, ni l'autorité de Mgr Du Belloy, mais que puisqu'il s'agissait aussi d'une œuvre pieuse, il n'avait pas eu plus de peur d'un concert que l'illustre évêque de Marseille n'avait redouté un bal.

La présence de l'abbé Duquesnay apporta à la recette un fructueux contingent, sans compter le produit d'une quête qui ne s'éleva pas à moins de deux mille francs.

AMÉDÉE ACHARD, CRITIQUE DE THÉATRE
APPRÉCIATION DE PAUL FÉVAL

Bien peu de temps avant de mourir, Amédée Achard m'écrivait... « On n'aura plus affaire à moi, en qualité de critique. Trop de besogne, mon ami, et trop d'inimitiés... »

Un ennemi ! lui, Amédée Achard ?... « Il n'est

personne qui ne l'ait aimé et honoré, » a dit Paul Féval en lui adressant le dernier adieu.

Ailleurs, Paul Féval, ce suprême arbitre en fait d'honneur et de loyauté, rendait ainsi hommage au cher et regretté défunt : « D'illustres sympathies l'entourèrent... Toujours il se tint droit le long de cette route littéraire mais glissante... Son âge mûr put regarder en souriant sa jeunesse. »

Comme c'est vrai !

ÉMILE ZOLA ET L'ACTRICE BRUNE

Lorsqu'il fut question de monter *Thérèse Raquin*, un maître drame, dont Émile Zola est, on le sait, l'auteur, on lui avait offert de faire jouer le rôle de *Thérèse* par Mlle Dica-Petit.

Il s'y refusait. « Les cheveux blonds de Mlle Dica m'ont effrayé, écrivait-il. Ne pourriez-vous avoir une actrice brune et un *talent brun*?... »

Puis, l'auteur se félicitait d'avoir le concours de Mme Laurent, cette admirable comédienne qu'il faut remercier, au nom de la littérature, des grands et nombreux services qu'elle a rendus à l'art dramatique.

Pour faire un trio magistral avec Mme Laurent et Dumaine, Émile Zola réclamait Lia-Félix.

Mlle Dica-Petit joua le rôle de *Thérèse Raquin*. Elle eut le *talent brun* et un *succès* de couleur très-vive. L'auteur fut enchanté de son actrice.

VOYAGE A LA RECHERCHE D'UN DIRECTEUR DANS SON THÉATRE

Il s'agit d'un écrivain dramatique qui, ne pouvant parvenir à joindre le directeur à qui il a affaire, raconte comiquement, et sous forme épistolaire, son odyssée d'auteur à la poursuite d'une lecture.

« Cher monsieur, il y aurait une pièce à faire avec ce sujet : *Voyages à la recherche de M. X...., directeur*.

« Je serais le héros de cette pièce.

« Dans le prologue, on me dirait de venir au bout de huit ou dix jours.

« 1er acte. — *L'attente*. — Douze jours se seraient écoulés. On me verrait, attendant, dans le foyer de la scène, au milieu des papillons de la danse — bleu et argent, rouge et or.

« A la fin de ce premier acte, le directeur apparaît pour me dire... de revenir.

« 2e acte. — *Conseils perfides*. — Là, on me conseillerait de choisir une heure dans la journée, pour déranger moins.

« Long monologue. Je me décide à me présenter, le lendemain, dans le jour. Sortie pleine de dignité et empreinte d'une douce espérance.

« 3ᵉ acte. — *Espoir déçu.* — Le théâtre représente... le théâtre. Il est deux heures de l'après-midi. On répète. On m'envoie successivement à toutes les portes, où je me casse le nez. — On finit par me dire que le directeur est indisposé, on m'invite à revenir le soir.

« 4ᵉ acte. — *Pas de chance!* — Je reviens à dix heures. Un régisseur m'apprend que le directeur est parti à neuf heures trois quarts. On accourt m'annoncer qu'il m'attend sur la scène, « côté cour. » J'y vole; non; c'est « côté jardin; » je revole. Erreur; il est au contrôle. En un bond, j'y suis. Le directeur n'avait pas quitté la scène; autre bond... Enfin, je l'aperçois... Il disparaît dans une trappe. Tableau !

« 5ᵉ acte. — *L'entrevue!* enfin! — Cet acte est encore à faire... J'attends un rendez-vous positif afin de l'arrêter et de le mettre en scène... »

Si le spirituel baron de L... vient à lire ce qui précède, qu'il veuille bien m'excuser d'avoir gaiement conclu les présentes historiettes en donnant une page de sa prose vivante et spirituelle.

Bien d'autres lettres, bien d'autres documents, de date plus récente, auraient pu être extraits des cartons de l'ex-directeur de théâtre.

Il y aurait lieu de placer ces souvenirs sous les yeux du lecteur, dans le cas où cette première série lui paraîtrait digne d'avoir une suite.

FIN.

TABLE DES MATIÈRES

I

AUTEURS ET COMPOSITEURS.

L'art d'être grand-père..	1
Comment Alexandre Dumas et Frédéric Soulié furent amenés à composer des pièces pour le théâtre de l'Ambigu..	5
Alexandre Dumas et le Théâtre-Historique de l'ancien boulevard du Temple..	11
Le Miracle des Roses.	22
Comment M. de Balzac conçut le plan d'un drame historique intitulé *Pierre et Catherine*, et comment il fit *la Marâtre*.	27
Joseph Autran.	44
Un mystérieux ami..	48
Auber. — Boutade poétique de Marc-Bayeux.	65
George Sand.	72
Philarète Chasles.	75
Camille Doucet..	85
V. Sardou, spirite..	91
La première pièce de Lambert Thiboust..	95

Un talent particulier d'Offenbach............ 99
Massenet...................................... 101

II

DIRECTEURS DE THÉATRE.

Delestre-Poirson............................ 109
Vedel. — Souvenir de son voyage en Russie..... 112
Nestor Roqueplan............................ 116
Anténor Jolly............................... 124
Harel....................................... 127
Dormeuil. — Notes historiques concernant le théâtre
  du Palais-Royal,........................ 130
Chilly...................................... 137

III

COMÉDIENNES.

Les pèlerinages de Mlle Mars pendant la semaine
  sainte.................................. 143
Fanny Essler................................ 146
Marie Dorval................................ 147
Sarah Félix................................. 162
Desclée..................................... 164
Clarisse Miroy.............................. 166
Suzanne Lagier.............................. 168
Mlle J. Granier........................ 172

IV

COMÉDIENS.

Frédérick Lemaître.......................... 177
Brunet, Lepeintre jeune, Potier, Odry, Lepeintre aîné. 179
Bouffé...................................... 188
Laferrière.................................. 193

Regnier..	197
Fechter, Desrieux..	201
Rouvière. — Les frères Lyonnet..	207
Colbrun, Boutin, Bignon.	211

V

PARTICULARITÉS RELATIVES AUX COMÉDIENS ET AUX COMÉDIENNES.

Les talents accessoires de l'artiste en scène.	217
Les organisateurs de parties de théâtre..	219
Retour à Paris des artistes de province.	221
Dossier criminel du comédien..	223

VI

VARIA.

Les phases de la censure.	231
Légende des incidents comiques de *Paul et Virginie*.	234
Les parfums au théâtre; luxe des mobiliers de scène; accessoires; les mises en scène de table.	237
Funambules anciens et nouveaux; pantomimes et pantomimistes; les anciens théâtres de la banlieue; Saint-Marcel; le dernier théâtre de la Foire Saint-Laurent; Auguste Jouhaud.	248
Cafés-concerts.	256
Coulisses des théâtres forains.	260
Emploi des animaux sur la scène; les bêtes factices; un drame de singes..	266
Petites misères du public au théâtre..	275

VII

VIEUX CARTONS. — VIEUX PAPIERS.

Hymne en l'honneur des pavés.	279
Profession de foi d'Alexandre Dumas, candidat à la	

représentation nationale en 1848. 281
Épître familière, en vers, d'Alexandre Dumas fils. . 311
La *Marseillaise des femmes* et Mlle Agar 313
Lettre de M. Édouard Thierry.. 314
Mme Jane de T.... 315
Plaisir et Charité. 318
Amédée Achard, critique de théâtre : Appréciation
   de Paul Féval.. 320
Émile Zola et l'actrice brune.. 321
Voyage à la recherche d'un directeur.. 322

IMPRIMERIE D. BARDIN, A SAINT-GERMAIN.

A LA MÊME LIBRAIRIE

EUG. DAURIAC
Histoire anecdotique de l'Industrie française. 1 v. in-18. 3 »

PH. AUDEBRAND
Souvenirs de la tribune des journalistes, 1848 à 1852. 1 vol. gr. in-18 jésus. 3 »

HONORÉ BONHOMME
Louis XV et sa famille d'après des lettres et des documents inédits. 1 vol. gr. in-18 jésus. 3 50

CHAMPFLEURY
Histoire de la caricature antique, 2e édition. 1 vol. gr. in-18 orné de 100 gravures. 5 »

Histoire de la caricature moderne, 2e édition. 1 vol. gr. in-18 orné de 90 gravures. 5 »

Histoire de la caricature au moyen âge. 1 vol. gr. in-18 orné de 90 gravures. 5 »

Histoire de la caricature sous la Révolution, l'Empire et la Restauration. 1 vol. grand in-18 jésus orné de 95 gravures. 5 »

Histoire des faïences patriotiques sous la Révolution. 1 vol. gr. in-18 orné de grav. 5 »

Histoire de l'imagerie populaire. 1 v. gr. in-18 av. 50 grav. 5 »

L'Hôtel des commissaires priseurs. 1 vol. gr. in-18. 3 »

Souvenirs et portraits de jeunesse. 1 vol. 3 50

C. DESNOIRESTERRES
Les Cours galantes, histoire anecdotique de la société polie au XVIIIe siècle. 4 vol. in-18. 12 »

VICTOR FOURNEL
Ce qu'on voit dans les rues de Paris. 1 fort vol. gr. in-18. 3 50

Les spectacles populaires et les artistes des rues, tableau du vieux Paris. 1 vol. gr. in-18. 3 50

ÉDOUARD FOURNIER
L'Esprit des autres recueilli et raconté. 4e édition. 1 vol. in-18. 3 »

L'Esprit dans l'histoire, recherches sur les mots historiques, 3e édition. 1 vol. in-18. 3 »

Le Vieux-Neuf, histoire ancienne des découvertes modernes, nouvelle édition, 3 vol. gr. in-18 jésus. 15 »

Histoire du Pont-Neuf. 2 vol. in-18, avec photographie. 6 »

La Comédie de J. de La Bruyère. 2 vol. in-18. 6 »

AUGUSTE LEPAGE
Les Cafés politiques et littéraires. 1 vol. in-16. 2 »

PAUL FOUCHER
Les Coulisses du passé, histoire anecdotique du théâtre depuis Corneille. 1 fort vol. gr. in-18. 3 50

CHARLES DESMAZE
La Sainte-Chapelle du Palais de Justice de Paris, Monographie et recherches Historiques. 1 vol. gr. in-18 avec gravures. 5 »

GEORGES D'HEILLY
Dictionnaire des pseudonymes, révélations sur le monde des lettres, du théâtre et des arts. 2e édition. 1 fort vol. gr. in-18 jésus. 6 »

HALLAYS-DABOT
Histoire de la censure théâtrale en France. 2 vol. in-18. 4 50

ARSÈNE HOUSSAYE
Galerie du XVIIIe siècle. 4 vol. grand in-18 jésus. 14 »

ED. ET JULES DE GONCOURT
Sophie Arnould d'après sa Correspondance et ses mémoires inédits. 1 vol. petit in-4° avec eaux-fortes. 10 »

L'Amour au XVIIIe siècle. 1 vol. in-16 avec eaux-fortes. 5 »

JULES JANIN
La Fin d'un monde et du Neveu de Rameau, nouv. édit. revue et augm. 1 vol. gr. in-18 jésus. 3 50

M. DE LESCURE
Les Maîtresses du Régent. 1 fort vol. in-18. 4 »

Les Confessions de l'abbesse de Chelles. 1 vol. in-18. 3 »

Nouveaux mémoires du maréchal duc de Richelieu 1696-1788, rédigés sur des documents authentiques. 4 vol. gr. in-18 jésus. 14 »

AMÉDÉE PICHOT
Souvenirs intimes de M. de Talleyrand. 1 vol. gr. in-18. 3 50

CH. POISOT
Histoire de la musique en France, depuis les temps les plus reculés jusqu'à nos jours. 1 v. in-18. 4 »

CH. NISARD
Des Chansons populaires chez les anciens et chez les Français, essai historique suivi d'une étude sur les chansons des rues contemporaines. — 2 vol. gr. in-18 avec gravure. 10 »

LOUIS XVI
Journal particulier, publié sur des documents inédits par Louis Nicolardot, 1 v. gr. in-18. p. vergé. 5 »

H. DE VILLEMESSANT
Mémoires d'un journaliste. 6 vol. gr. in-18 jésus. 18 »

ED. WERDET
Souvenirs de la vie littéraire. 1 vol. gr. in-18 jésus. 3 50

IMBERT DE SAINT-AMAND
Les Femmes de Versailles, 3 vol. gr. in-18. 10 50

www.ingramcontent.com/pod-product-compliance
Lightning Source LLC
Chambersburg PA
CBHW060643170426
43199CB00012B/1657